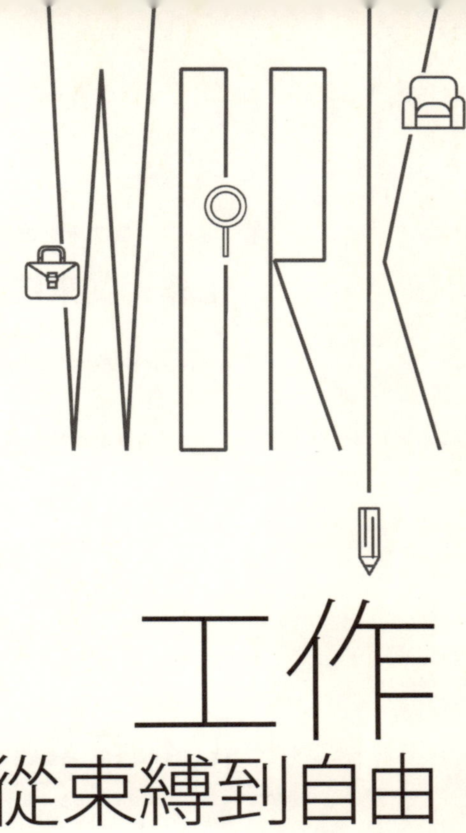


# 工作

## 從束縛到自由

韋特寧頓 著
陳永財 譯

A Kingdom Perspective on Labor

▼

信念再思叢書

# 工作：從束縛到自由

Work

A Kingdom Perspective on Labor

作者
韋特寧頓 Ben Witherington III

譯者
陳永財

責任編輯
余雪

裝幀設計
奇文雲海 · 設計顧問

■

出版 / 發行
基道出版社
香港沙田火炭坳背灣街 26 號富騰工業中心 1011 室
LOGOS PUBLISHERS
Unit 1011, Fo Tan Ind. Centre, 26 Au Pui Wan St., Shatin, Hong Kong
電話：(852) 2687-0331　傳真：(852) 2687-0281
網址：http://www.logos.com.hk

承印
海洋印務有限公司

●



6/2017 初版
Cat. No. LP944
ISBN: 978-962-457-536-1



| 刷次 | 10 | 9 | 8 | 7 | 6 | 5 | 4 | 3 | 2 | 1 |
|---|---|---|---|---|---|---|---|---|---|---|
| 年份 | 2026 | 2025 | 2024 | 2023 | 2022 | 2021 | 2020 | 2019 | 2018 | 2017 |

# 目錄

# 序言
# 小心——工作進行中

感恩節前不久，我在翻看一份報紙時看到一幅政治漫畫。它描繪了兩個印第安人叉著一隻死火雞，走向一張桌子，那裏坐著幾個新英格蘭（New England）的清教徒，他們明顯在等待與當地人一起吃感恩節晚餐。印第安人離清教徒夠遠，以致後者聽不到他們說的話。其中一個印第安人向另一個說：「我不在乎他們有沒有好的工作倫理，他們是非法的外來人。他們應該回到他們的家鄉，在得到我們的准許下合法進入這個國家。」這幅漫畫將我們今天在美國經常聽到的，關於許多非法外來者的常見看法顛倒過來，令我笑了好一會兒。但這幅漫畫也暗示了一些它假設眾所周知的事情——所謂的清教徒工作倫理（Puritan work ethic）。

整體而言，基督教，特別是新教，都似乎將我們應該怎樣看工作這個問題，提到一個奇特的高度。工作是祝福還是煩擾？是責任還是特權？我們是為了活著而工作？還是為了工作而活著？雖然我們對清教徒工作倫理有一種慣性定型，現代美國人，包括很多基督徒，對聖經實際上怎樣看工作，卻沒有多少認識，甚至完全沒有認識；聖經對於他們怎樣看「工作相對於遊戲」，或「職業相對於退休」，或其他相關課題，也沒有甚麼影響。從某種意義來説，我們很難怪他們——基督教神學家很少處理工作這個課題，而我們在這本書裏打算探討的，正是這個問題。

## 論工作的定義

在詹森（David Jensen）近期關於工作的研究中，他這樣説：「這個課題——人類的勞動——在大部分系統神學中，都不常見。基督教教義的編纂者並不經常探討工作這個課題，以它作為明確的神學主題。」[1]如果你翻查聖經研究和系統神學著作的主題索引，你很少會找到**工作**這個主題，因為這些書籍很少討論這個課題！這多麼奇怪，特別是當聖經對工作——過去、現在、將來——有那麼多話説。讓我們看看詹森有益的總結：

> 聖經敘事充滿了工作。創世記的開頭描述上帝是工作者，在啟示錄最後一章新創造（new creation）的異象中，上帝在勞動。聖經所啟示的信仰，其中一個明顯的特點是，上帝並非坐在天上的寶座，遠離工作，以神聖的命令使事物出現。上帝與希臘—羅馬神話的諸神不同，後者不工作（或者以工作來懲罰

> 像薛西弗斯〔Sisyphus〕這樣麻煩的人），在無比美好的休息和默想中享用瓊漿玉液和仙果——而聖經中的上帝是工作者。[2]

但聖經絕對不單關乎上帝工作；它也關乎上帝的百姓工作，以及關乎他們參與上帝視為美好、上帝認可並實際參與其中的工作。

或許部分問題出在，我們從不費心從聖經的觀點提出和回答這個問題：**甚麼是工作**？我們的文化有那麼多工作狂，這些人是為了工作而活著，而非為了活著而工作，這是奇怪的。很多經濟學家將工作的定義，化約成最小公分母——**我們為了生活或生存而做的任何事情**。這個定義的問題不單是它太廣泛（畢竟，逃避一個跑向你的襲擊者或轉彎避免車禍，都是你做來求生的事情，但我們卻不稱它們為工作。同樣，進食和睡眠也不是工作，雖然我們做這些事藉以生存和成長），它也沒有神學成分。

我喜歡布赫納（Frederick Buechner）對工作的定義：「『你深刻的快樂』與『世界深刻的需要』相遇之處。」[3]這個定義的問題，是人們有可能在讀完上半句後便停下來。我們完全有可能喜歡做一些世界完全不需要的事情，就像那個製造全世界最大的錫紙球的男人，花很多年就他的愛好進行收集、組合，埋頭苦幹。當然，布赫納的整個定義強調一種喜悅和**需要**交匯而生的工作。

知道自己在做一些幫助別人的事情，總是令人感到值得。如果你知道自己在做一些事情，那些事情是那麼有意義，以致能夠拯救生命，你會覺得那十分值得。無論你是否感到喜悅，如果它能夠滿足世界真實和重要的需要，那便是好的工作，是我們應該做的。布赫納提出：在生命的深處，我們受造，是為了工作；當我們找到自己的呼召、目的、召命或事奉，如果我們實行它們，便會帶來很深的滿足。我自己可以證明這真理。我喜愛講道、教書、寫作。我很難想像自己成年後不做這些事情。這些事情帶給我很大的喜樂，也有望帶給別人相當大的好處。但說到底，布赫納的定義似乎過分集中在我們個人的滿足上，所以不算全然充分。

詹森對工作的定義含有神學成分，他說工作是任何懷著對自己、對別人、對自己的羣體、對上帝的責任感而進行的活動。[4]我認為這個定義的問題是，基督徒進行的**所有活動**，都應該屬於最後一個範圍。我指的是，所有工作都應該被視為上帝賦予我們的責任的一部分，無論它還有甚麼其他角色；而所有工作都必須能夠榮耀上帝和造就別人。正因為這樣，我會說，從基督徒的觀點，「參與戰爭是否合法的工作」是極富爭議的——如果登山寶訓描述的是耶穌的門徒應該怎樣生活、工作、行動。

沃夫（Miroslav Volf）也嘗試為工作下定義。他提出：「工作是誠實、有明確目的、具特定方法的社會活動，其主要目標是創造產品或事態，能夠滿足工作的個體（working individuals）或其他受造物的需要，或（如果工作本身是主要目的）讓行動的個體（acting individuals）在活動本身的必要性以外，滿足自己的需要。」[5]根據這個定義，閒暇與工作相對，但當然，有很多活動似乎既不是閒暇，也不是工作——例如進食或睡覺，甚或呼吸。不過，我們要留意這裏所說的，工作和它的目的之間那緊密的連繫——滿足人的需要（沒有說明是哪一種需要）。

這個定義令我特別不滿意的，是它那基本上非神學的性質。沃夫真正強調的，是工作作為達到目的的手段，也就是滿足人類的需要。這樣，他可以將工作從嗜好區分出來。但事實上，某種活動既可以作為工作，也可以作為嗜好，兩者都可以是達到某一個目的的手段，而那目的，是外在於工作者進行工作的必要性的。例如：我喜歡安裝電腦，並為兒子安裝了一部，作為生日禮物，因為我知道他工作時需要一部電腦。我也可以去買一部電腦給他，結果是一樣的。我的勞動不是滿足那需要所必需的。但因為我將我的技巧運用在我喜歡做的事情上（不是作為「工作」來做），這樣，我所做的事情既可歸類為嗜好，也可歸類為工作，或兩者都是！不過，沃夫以下的強調是絕對正確的：基督教的工作神學（theology of work）如果幾乎完全建基於舊約的創造神學，是不足夠的。

神學家實際上很少討論工作，發現這現象可能令你驚訝。事實上，第一本透徹的有關現代工作神學的著作，似乎遲至一九五○年代才寫成；考慮到我們清醒的時間，有很多都花在工作上，這實在令我驚訝。[6]無論如何，基督的到來改變了終末的狀況。沃夫這樣說：「基督徒生命是新創造的聖靈中的生命，否則便完全不是基督徒生命。上帝的聖靈應該決定基督徒的整個生命，包括屬靈和世俗兩方面。因此，基督徒的工作必須在聖靈的啟發（inspiration）下，並根據將來的新創造進行。」[7]現在我們有點方向了！這裏似乎正好有一個清晰的含義：聖靈永遠不會啟發人從事的工作，是基督徒永遠不應該做的；舉一個簡單的例子：製造色情物品。

聖靈關乎工作的啟發，自然含有倫理的成分。肉體的工作（works of the flesh）不是聖靈的工作。我們稍後會更詳細討論這點。但基督徒的工作不單由聖靈啟發和促成；基督徒的工作也前瞻那來臨到地上的國度，那新創造；基督徒不應停留在舊創造，根據它的規則工作。因此我們可以提出以下這個基督徒對工作的定義：**上帝呼召一個人去做，並給這個人恩賜去做的任何必須執行和有意義的任務，這些任務既為了上帝的榮耀，也為了造就和幫助人類，這樣的工作由聖靈啟發，預示新創造的實在**。我們還可以補充說，任何這樣的工作都配得合理的報酬，因為「工人得工價是應當的」（提前五 18）。

我們在美國討論工作時的很多問題，都出於我們討論工作的進路和態度，建基於各種不合乎聖經的迷思。例如：我們的生命應該有一段工作的時間，如果做得好，我們便有權退休，甚至是提早退休！我們在聖經哪一部分可以找到退休的觀念？找不到！就連在先知預想（envision）的末時，我們也找不到「不用工作的天堂」的意象。

工作是原初的創造設計的一部分，它也在新創造中出現。我們不應該將工作妖魔化或神聖化。[8]不過，如果我們稍為對比聖經中關於工作的創造和終末異象，我們可以說，在創造的記述中，工作是人類適合和受命去做的；而在終末的論述中，工作是聖靈啟發和給人類恩賜去做的，在其中，人類找到喜樂。工作是按著上帝形象受造的我們所固有的責任，因為創世記一章26節告訴我們，我們是按著上帝的形象受造的，受命管理創造。

現在讓我們看看以賽亞對末後的異象的描述，這段經文十分著名，也以被誤用和錯誤引述而著稱：

末後的日子，
　耶和華殿的山必堅立，
超乎諸山，
　高舉過於萬嶺；
萬民都要流歸這山。
　必有許多國的民前往，說：
來吧，我們登耶和華的山，
　奔雅各神的殿。

主必將他的道教訓我們；
　我們也要行他的路。
因為訓誨必出於錫安；
　耶和華的言語必出於耶路撒冷。
他必在列國中施行審判，
　為許多國民斷定是非。
**他們要將刀打成犁頭，**
　**把槍打成鐮刀。**
**這國不舉刀攻擊那國；**
　**他們也不再學習戰事。**
**雅各家啊，**
　**來吧！我們在耶和華的光明中行走。**

賽二 2～5

我們特別關注引文的結尾，就是粗體的部分。以賽亞預想終末的歲月，或末後的日子時，他沒有預想大規模停止工作。他預想的是大規模停止戰爭——如果我們可以這樣理解的話。「將刀打成犁頭，把槍打成鐮刀」的意思是，戰爭的武器可以變成工作的工具。以賽亞預想的最後或終末的狀況，他那平安、安好、和平的異象，不是不用工作的天堂，而是和平的世界——眾民敬拜獨一真神，一起工作，而不是互相爭戰。我們在以賽亞書六十五章 20 至 25 節，可以看到同樣的關乎終局未來（final future）的異象：

其中必沒有
　數日夭亡的嬰孩，
也沒有壽數不滿的老者；
　因為百歲死的仍算孩童，
有百歲死的罪人算被咒詛。
　他們要建造房屋，自己居住；
栽種葡萄園，吃其中的果子。
　他們建造的，別人不得住；
他們栽種的，別人不得吃；
　因為我民的日子必像樹木的日子；
我選民親手勞碌得來的必長久享用。
　他們必不徒然勞碌，
所生產的，也不遭災害，
　因為都是蒙耶和華賜福的後裔；
他們的子孫也是如此。
　他們尚未求告，我就應允；
正說話的時候，我就垂聽。
　豺狼必與羊羔同食；
獅子必吃草與牛一樣；
　塵土必作蛇的食物。
在我聖山的遍處，這一切都不傷人，不害物。
　這是耶和華說的。

我們可以將以賽亞書這兩段經文和撒迦利亞書八章10至12節作比較，在那裏，天堂也涉及停止戰爭，而不是停止工作；因此，人們可以播種，也可以在和平中享受果子。工作明顯**不是**人類的困境；戰爭和人類其他墮落的行為才是。

耶穌在拿撒勒第一次講道時引述禧年的先知異象，指出祂令這預言成真，祂帶來了國度，當中涉及工作——包括醫治人的工作。耶穌的話並非出於偶然。我同意沃夫所說的，他說基督徒對工作的定義，必須考慮歷史在上帝手中走向哪裏，因此「對工作的神學詮釋，只有在它使工作轉化成更對應即將到來的新創造時，才是有效的。」[9]

因此，我們必須不斷問：這工作預示國度及其目的、目標、性質嗎？根據啟示錄二十一至二十二章，人類歷史的目標，或者至少其終局，是上帝、人類、其他受造物最終歸於和諧、平安、正面地持續發展的關係。我們的終末論必須模塑我們對我們的任務的異象。[10]這段經文也預想工作在國度中繼續存在。因此就工作來說，我們必定不能過分強調這個世代和將來世代之間的不連貫性。

也許，生命中、人類文化中真實、良善、美麗的東西，都會被除去罪污，留在新創造中。沒有美好的東西會浪費掉；我們的勞動不會是徒然的。工作固有的價值和良善會在國度中維持，正如所有受造物固有的良善和價值會得到維持一樣：「受造之物……脫離敗壞的轄制，得享上帝兒女自由的榮耀」（羅八 21）。

正如很多註釋者已留意到，在我們引述過或間接提到過的先知式經文中，我們關乎終局未來的異象，似乎很大程度上是重演創世記二章的異象——一日是園丁，永遠都是園丁。用古老的德國神學用語，**結束時間**（Endzeit）就像原來的**最初時代**（Urzeit），那時不再有墮落，陰暗不再籠罩大地，沒有勞動是徒然的，正如魯益師（C. S. Lewis）在《獅子、女巫、魔衣櫥》（*The Lion, the Witch and the Wardrobe*）中所說，冬天必定有聖誕節。但即使在天堂裏也有勞動，無論是以前還是將來！[11]

這就退休的整個觀念，提出了一些十分嚴重的問題，無論是在今生還是將來的世代。退休這觀念是否出自聖經？當國度全面臨到地上時，退休是否與聖經中關於我們的將來的觀念一致——無論是個體還是集體？這些是我們在這本小書中要詳細探討的一些事情。讓我再講一個故事。

二〇〇九年一月，我從亞斯理神學院（Asbury Theological Seminary）放安息年，在佛蒙特（Vermont）寫作。我決定花一個早上到韋斯頓隱修院（Weston Priory）禱告。大部分人都認為修道院是充滿禱告、敬拜、歌唱的地方，除此以外別無其他，住在裏面的人也沒有完成甚麼。這實在大錯特錯。

韋斯頓隱修院的修士依從本篤規則（Benedictine rule of *Ora et Labora*）——「禱告和勞動」或「禱告和工作」，包括製造一些上好的槭糖漿和芝士，以及從事各種慈惠活動。這些修士絕對不是在晚年吃老本，也不是注目天堂，以致在地上沒有任何用處。事實上，我會說他們對事情有正確的看法，因為他們知道，「崇拜」的工作是我們在地上進行的最重要活動，最能夠預示天堂的本質和國度臨在地上時將有的景象。[12]

我離開修道院時，留意到掛在小聖堂外的一幅橫額。它引述偉大的哲人和先知罕醉克斯（Jimi Hendrix）的話，他說：「當愛的力量勝過權力的誘惑時，世界便會認識和平。」唔，修士根據這個信念工作，耶穌也是這樣。不過，要留意：我用的是**工作**這詞。是時候讓我們開始從更合乎聖經，更配合國度的觀點思想工作的意義。讓這個序言成為給我們的呼喚，喚醒我們，致力重新思想工作。

# 1

# 傑作：論工作的美好

甚麼是——「天堂」——
誰居住在那裏——
他們是「農夫」嗎——
他們「鋤地」嗎——
他們知道這裏是「阿默斯特」嗎——
而我——也正來到——這裏——

狄金森（Emily Dickinson）

我們的英格蘭是一個花園，這樣的花園的造成，不是靠高唱：——「啊，多漂亮！」並坐在樹蔭下。

吉卜林（Rudyard Kipling）

雖然耶穌平靜風浪，但祂沒有除去世界眾生的一切風浪；雖然耶穌醫治一些患病的人，但祂沒有在世上除去那些疾病。用約翰福音的「記號」語言（“sign” language）來說，耶穌的行動指向將來的世界，從而顯示以賽亞預想的那種世界正在到來。耶穌的記號，指向一個與別不同的將來，那將來是上帝為自然世界預備的。

范涵（Terence Fretheim）[1]

## 從創造和新創造的視角論工作

在某些時候，亞當承受著一個罪名，或者至少亞當的上帝承受著一個罪名。在某些時候，某些人誤讀創造和墮落的故事，得出結論，認為工作是墮落的結果，不是上帝原本對人類的創造設計的一部分。但當我們更細心地考究時，十分明顯的是，上帝的美好計劃總包括人類工作，或者更具體來說，是人類生活在工作和休息這個永續的循環中。用先祖的話說，只有當人們「歸了自己的列祖」時，才有永久的休息。永久的休息只在人們被埋葬，墓碑上寫著「安息」時才來到。泰勒（Barbara Brown Taylor）寫道，很多讀者讀到創世記一至三章時「都得到一個觀念，以為身體的勞動是上帝的咒詛的一部分——女人生孩子的痛苦和男人在田裏的勞苦——甚至把勞動本身與懲罰混淆。很明顯，事實不是這樣。人類的第一份神聖的工作，是犁地和照料大地。」[2]

即使只是短暫一瞥創造的故事，我們也可以看到，從一開始，工作便在我們的基因裏面——上帝呼召人類遍滿大地，治理大地。正如范涵指出，創世記一章28節**治理**（subdue）這個動詞顯示，在墮落前，上帝的創造是「好」的，但這並不表示它是平靜和馴良的。受造物本身有一種固有的野性，有各種成長和發展的潛力。[3]而且，我們沒有理由以為治理大地是容易或浪漫的。想想像布恩（Daniel Boone）做的那令人疲累、疲倦的工作——在肯塔基（Kentucky）開路和治理荒野。[4]這才是墮落的結果。

人類墮落後承受的咒詛，關乎的不是工作本身，而是工作的**辛勞**。創世記三章顯示，男人和女人都會經歷「勞動／分娩的痛苦」——當男人治理美好的大地，女人生兒育女。但即使在這裏，關於女人，它所説的是她生產的痛苦會增加，這表示生產的過程本身是有痛苦成分的。痛苦不完全是墮落的結果。在這裏，創世記指出的是：「沒有痛苦就沒有生產。」還有另一個因素。保羅在羅馬書八章提醒我們，所有受造物都受墮落影響，正如他所説，受制於徒勞，因此像人類一樣，渴望得到解放。[5]大地本身不是處於最佳狀態，有些部分抗拒被使用和改變，更別提治理和照料了。

但那並非全都關乎治理不馴服和不受管治的大地。事實上，關於人類的工作和生命目的，最早的全景圖可以在創世記二章 15 節找到：「耶和華神將那人安置在伊甸園，使他修理，看守。」人類的第一個職業似乎是園丁。「這裏顯示，人類的工作是有價值和尊嚴的，它服事上帝，也給人類的生命目的。在這裏，工作關乎創造的命令，上帝指定人類要做的事情。」[6]福里斯特（W. R. Forrester）在反思創世記一至三章時總結説：「人本來要成為園丁，但因為他的罪，他成了農夫。」[7]

不過，這一切都不應該令我們總結説，任何美好的工作本身都是無益的，或者是墮落的結果。事實上，即使是辛勞的工作，即使是辛勞的體力勞動，在聖經中也得到讚賞；而正如我們會看到，懶惰總是受到譴責。關於這個議題，在一個十分重要的討論中，范涵得出以下重要的觀察：

> 創世記沒有把創造描述成一件已完成的作品，以紅色大蝴蝶結包裝起來，交給受造物，讓他們保存創造的原貌。創造不是一次過完成的作品。事實上，如果受造界維持上帝最初創造的面貌，會是上帝設計的失敗。從上帝的角度而言，世界需要工作；上帝希望世界不斷發展和改變，上帝徵召人類（和其他受造物）達成這個目的。從另一個角度看，上帝沒有在世界的第一週窮盡祂創造的能力；上帝繼續創造，並在召命中使用受造物，這召命涉及創造的形成。[8]

但我對這個研究的關注，不單是希望藉著糾正那些關於創世記一至三章的錯誤解經，以修正我們的工作觀。我的關注是提出和回答一個問題：當國度來到，工作對我們而言，有甚麼不同？如果我們相信基督以祂的到來，改變了終末的景況，而這影響身為基督徒的我們對一切的看法，如此，工作對我們而言，有甚麼不同？

關於將來的國度，我們要知道的第一件事是，耶穌不是來為祂的追隨者宣告永恆的假期。耶穌在祂的教導中提到的禧年，並非表示那一年人們甚麼也不做，而是人們找到一種新的委身方式，做主的工作。看看耶穌在約翰福音九章 4 節怎樣描述祂為甚麼來到地上：「趁著白日，我們必須做那差我來者的工；黑夜將到，就沒有人能做工了。」在這段經文中，耶穌不是談及光明和黑暗，工作和休息這種我們全部人都不斷經歷的二十四小時循環。不，祂是從終末的角度看事情，而且帶著迫切性。祂相信祂在這地上的時間有限，祂也相信上帝給祂使命，要在這一生完成一些事情，祂知道祂需要做上帝差派祂做的事情。同樣，我們在地上也只有有限的時間，要完成上帝要我們做的事，因此我們對完成那工作，也應該帶著迫切性。

約翰福音九章 4 節對耶穌的描述，與聖經一貫描述上帝為一個活躍的工作者的敍述是一致的。祂不單是創造主，也是救贖主；不單是救贖主，也是維持者；在末後，祂也是「品質控制經理」——也就是評價我們的工作品質的審判官（參詩一〇七；約五 17）。如果如邁尼爾（Paul S. Minear）所強調的，聖經中的上帝「很大程度上是工作者」，[9] 那麼耶穌也很大程度上是工作者這件事也就不令人驚訝——有其父必有其子。那麼，同樣毫不令人驚訝的是，一旦耶穌召聚了十二門徒，便差派他們兩人一組出去工作！

## 工作者上帝和祂的工藝

在某種意義上來說，我們從一開始便應該知道這點。畢竟，聖經不是描述上帝以祂雙手，在一開始便用地上的塵土創造了亞當嗎（創二章）？聖經不是還有其他地方，將上帝描述為窰匠，不單創造人類，也創造整個宇宙嗎？詩篇八篇3節說，宇宙是祂指頭的工作！試想像這樣一位上帝：祂創造浩瀚的宇宙，就像製作一小片黏土一樣。或者看看約伯記三十八章14節：「因這光，地面改變如泥上印印，萬物出現如衣服一樣。」

再者，上帝沒有任由受造界自行運轉，自生自滅，就像佩利（William Paley）設想的「鐘錶匠上帝」。不，上帝親自實踐，持續不斷地修補和介入，就像總在工作的園丁或窰匠。舉例來說，我們看看以賽亞書四十五章7節和阿摩司書四章13節，以及其他經文怎樣揭示上帝為我們的世界所設計的特點，包括定季節、降雨、賜陽光（也參詩七十四17和耶三十一35）。上帝創造動物（創一章；伯四十～四十一章），最重要的是，祂創造了人類這種動物。正因為這樣，關於上帝和祂的形象（his image）之間的關係，我們可以在以賽亞書六十四章8節中找到一個持久不衰、受人喜愛的意象：「我們是泥，你是窰匠；我們都是你手的工作。」事實上，耶利米甚至提出，上帝模塑母腹中未出生的嬰孩（耶一5）。

有時，上帝身為窰匠、人類作為祂的器皿這個意象，提醒我們，作為器皿，我們不能質疑或批評我們的創造者，祂比我們更清楚我們受造是為了甚麼。當然，聖經也說我們受造，是為了工作、敬拜、休息、玩耍（play）。「被製作的物豈可論製作物的說：『他沒有製作我？』或是被創造的物論造物的說：『他沒有聰明？』」（賽二十九16；也參賽四十五9；羅九19～24）。這個意象也表示，就像窰匠，上帝可以重塑或打碎祂所創造的。上帝親自實踐——甚至在初步創造了器皿之後。不僅如此。窰匠和器皿的意象還表示，不同的器皿是為了不同目的而受造，在這裏，我們進入人類召命的領域。

> 在大户人家，不但有金器銀器，也有木器瓦器；有作為貴重的，有作為卑賤的。人若自潔，脱離卑賤的事，就必作貴重的器皿，成為聖潔，合乎主用，預備行各樣的善事。
>
> 提後二20～21

留意提摩太後書這段經文的三個重點：（1）不同的器皿是為了不同的目的受造，但全都有目的；（2）任何器皿，如果自潔，便可以變得有用，實現光榮的目的；（3）所有自潔的器皿所做的，都是好的工作！人類要工作，而且不是做任何工作，而是做好的工作；我們的工作必須與我們受造的方式協調，以上帝賜給我們的能力工作，因此我們是為了最適合我們的召命工作。[10]

聖經絕對不是只以窰匠來比喻上帝是始終如一的工作者。聖經也描述上帝是金工、製衣者、服裝師、園丁、農夫、釀酒師、牧羊人、織帳棚的人、建築工人、建築師、音樂家、作曲家。[11]這大量關於上帝身為工作者的意象指出的是，上帝參與受造物生命中每一個美好的面向，祂是所有美好工作的啟發者和裝備者。這些意象也同樣指出，上帝示範美好的工作，事實上，我們成了上帝的同工，正如我們將會討論到的那樣。上帝不單示範不同工作，祂也與祂的同工分享創意和能力，祂選擇在羣體中工作，在創造的開端，祂便說：「讓**我們**造人……」從那時開始，便一直如此。范涵總結說：

> 雖然受造物的創造和生命深深倚賴上帝，但就開拓創造和延續創造來說，上帝選擇與受造物建立**相互倚靠**的關係。上帝的創造進路是羣體的，是帶有關係性的。在上帝開始動工的那一刻起，祂便在世界裏面工作，而不是在世界外面工作……上帝在創造中的言說，總是一種與他者的溝通，而不是由上而下的言說。因此，關於創造的經文顯示，上帝很有興致分享富創意的活動。[12]

雖然我會稍為修改這句話，說上帝有時確實在創造以外施行創造（act on the creation from outside of the creation；例如在祂的顯現〔theophany〕中），但基本上范涵是對的。不過，上帝的介入只在具體的時空中，作為上帝在創造界持續參與的補充。

我同意班克斯（Robert Banks）説的，我們不應該忽略或輕視這些比喻的意象，彷彿對於上帝或我們自己的重要事情，它們沒有告訴我們甚麼：

> 意象沒有令我們偏離對上帝的深刻了解，我們所留意的那些意象，將我們更深地引向上帝的意念。它們之所以如此，是因為它們本身就是上帝的想像的呈現。它們更清楚地定義了上帝是誰和上帝的作為。它們也令我們每天所做的日常工作，更緊密地與上帝的性情和目的相連。[13]

這些比喻向我們顯示，上帝的確參與、喜愛平凡的事物。上帝不單對我們的「宗教」活動感興趣；祂也希望我們知道，我們所有工作，以及祂所有工作的目的和價值——無論那工作涉及創造還是再創造，發明還是救贖。

## 聰明人一點就通：論工作的目的

在不鼓勵我們有彌賽亞情意結（Messiah complexes）的情況下，我主張，對上帝是真實的事情，對每個按著上帝的形象受造的人也是真實的：我們蒙召成為工作者，那是我們在地上的目的和使命必不可少的部分；而由於我們現在有上帝在基督裏的拯救，我們要向世界宣告這消息，所以更要勤勞作工。我們在地上都只有有限的時間，無論短或長；我們在地上都有由上帝賜予的目的，無論我們是否知道。

當然，人類可以經驗到的其中一件最悲慘的事情，是不知道自己一生應該**做甚麼**。為了避免這種感覺，我們必須緊抓住一點：相信上帝給我們的使命指向一個目標，用希臘語說，有一個 *telos*，它不單是終點，**它也肯定涉及要我們為了國度而工作——實際上是努力工作**。我們工作時一邊注目世界，明白時間在流逝。但如果我們為國度而工作，這表示我們對工作也有一個神學的視野，知道甚麼值得做，甚麼不值得做；我們也渴望討主人喜悅——祂是賜予我們這些任務的那一位；我們更帶著目的，追求卓越，因為任何值得做的事情，都值得我們盡最大的努力做好。簡單來說，我們的工作觀必須同時指向終末和倫理，同時帶有神學和目的論色彩。

## 論存有和行動

我們可以沒完沒了地辯論存有（being）重要還是行動（doing）重要，但事實是兩者同樣重要。我們要在基督裏**成為**新造的人，但正如保羅在以弗所書二章 13 節說，我們在基督裏被重新創造，「為了行善」，而不要只沉浸在我們的歸信經驗。我的同事有一個咖啡杯，上面寫著：

> To be is to do（存有就是行動）
>
> 柏拉圖（Plato）

To do is to be（行動就是存有）

亞里士多德（Aristotle）

Do be do be do（行動存有行動存有行動）

仙納杜拉（Frank Sinatra）

這個幽默的杯子顯示的是，存有和行動是頗為自然地交織在一起和互相倚賴的。基督徒應該十分了解這點。要從事基督徒的事奉或工作，你不能不先成為基督徒！這應該是明顯的。但重要的一點是：我們生命中的目的，涉及行動和存有，因此當我們不再有富意義和目的的事情**做**——這些事情令我們離開自己的安舒區，不縱容自己，不為自己的利益著想——便很容易感到生命無用或沒有目的。我不是說我們可以或應該把自己化約為「**你之所行定義了你之所是**」（you are what you do）這條公式；我只是說，如果你是按上帝的形象受造的，那麼行動是存有所必須的。當思及我們是誰，行動不再是不可或缺時，生命便沒有意義，離死亡不遠。

## 工作和休息的壞鬼神學

多年以來，我都因為很多基督徒對工作所持的搖擺不定的態度而驚訝。我認為這部分與我們的神學假設有關。當我們假設，救恩純粹是上帝拯救我們，與我們自己的努力無關時，便很容易建立一種工作觀，視工作為不必要的，與我們的救恩沒有關係。太多時候，我們聽到信心和行為，或救恩和行為，或恩典和行為之間的簡單對比；太多時候，這種黑白二分的對比，扭曲了人的工作觀。

我對此的回應是：當然，歸信肯定是關乎人憑信心藉著恩典得救，但隨之而來的，是保羅在腓立比書二章 12 至 13 節的挑戰，「恐懼戰兢**做成**你們得救的工夫。因為你們立志行事都是上帝在你們心裏**運行**，為要成就他的美意。」也就是說，救恩涉及我們**做**一些事情去實現它（work it out）。成聖涉及我們的努力，不單是聖靈代表我們、在我們裏面動工。而且，任何關於活的信心（living faith）的真實定義，都印證了耶穌的兄弟雅各所告訴我們的——「沒有行為的信心是死的」（雅二 20）。你可以像鬼魔一樣「正統」（orthodox），他們在對觀福音中真確地承認耶穌是誰，但如果你不**踐行**上帝的旨意，你便沒有活出那真正帶來拯救的信仰，也沒有以那信仰生活。因此，**如果連救恩也涉及工作、敬虔、慈惠這些善行，那麼，即使是最自私和最自我中心的基督徒，也必須承認，工作不單對基督徒的幸福安好是必要的，也是基督徒一生的存有所必要的**。

如果你抽點時間探訪護養院，便很容易明白「生命有目的」和「有工作做」之間固有的連繫。在這些場所（有時稱為天堂接待室），你會遇到一些長者，他們整天在下棋、進食或看無意義的電視節目，少數人則去探訪朋友。如果你問他們，有甚麼困擾他們，或他們需要甚麼，你會不斷聽到他們很多人說的其中一句話是：「我只想有些有用或有意義的事情**可以做**。我在這裏感到自己沒有用，好像被拋到生命的廢物堆上。」事實上，一個社會如果不像聖經說的，尊重那些金齡人士，向他們學習，繼續讓他們為國度做有意義的事情，這個社會便大有問題。

原來，我們美國的退休神學沒有真正的聖經基礎，只為那些被排擠到社會一角，被要求閉嘴，「退休」去吧的人，帶來沮喪和渴望，以及一種被遺棄的感覺。一方面，當長者被家人送進護養院或護老院，他們經常感到像被懲罰。他們像學生那樣疑惑：自己做了甚麼，應該得到這種對待？自己做錯了甚麼？為甚麼別人告訴他們，他們對社會或生命不再有貢獻？另一邊廂，那些提早退休的人則只想「狂歡」，在汽車保險杠的貼紙上，誇口說自己在花孫兒的遺產。這兩個退休的意象，都完全扭曲了聖經中關於人類生命的安息、休息或高峯的觀點。因此，我們在這本書必須做的，不單是重新發掘聖經中的工作觀，也重新發掘聖經對工作的反義詞，它沉默的伙伴——休息——的看法。因此，讓我們從合乎聖經、國度觀的工作定義開始。

## 工作涉及呼召

從聖經的角度看，工作涉及呼召、召命（vocation；不要與假期〔vacation〕混淆！），如果做得正確，也涉及事奉。我們往往以為「蒙召」是與某個婚姻伴侶一起，但事實上，聖經另外有許多「呼召敘事」（call narratives），在其中，上帝呼召一個人去**做**某些事情，而不是呼召一個人去與某人結婚。後者偶然才發生，但在發生時，往往令人困窘不解——想想上帝呼召先知何西阿去娶一個妓女！我懷疑那時何西阿會否重複那古老的陳腔濫調：「上帝在我的生命中有一個奇妙的計劃！」

有些神學家——例如沃夫——反對視工作為呼召，也不認為呼召與召命相關。[14]沃夫稱工作為「恩賜」(charism；編按：或譯「靈恩」)，個人得到恩典或恩賜去做的事情。我在這裏同意他肯定的事情，但不同意他否定的事情。在國度中，呼召和工作是相連的，這在耶穌最初對十二個門徒的呼召可以十分明顯看到。祂說的是：「來跟從我，我要叫你們得人如得魚一樣」(可一17)。跟從當然是行動，代表做一些事情，更準確來說，**「得人如得魚」是關於工作的描述**。或者我們來看看保羅的例子。他在大馬士革路上的經驗，涉及他蒙召成為向外邦人傳福音的使徒。這是他將來的召命和工作，甚至他以前織帳棚的召命，現在也要為「向外邦人傳福音，將他們帶進國度」這更大的任務服務。在上帝的新秩序中，呼召、上帝授予的能力、恩賜、召命、事奉、工作，都是互有關連的事情。

事實上，當談到召命，聖經中關於蒙召服事、拯救、為上帝**做**一些事的課題，比任何其他課題都多。無論是上帝呼召亞伯蘭遷移，成為多國的父；或是上帝呼召摩西在埃及解放希伯來奴隸；還是上帝呼召撒母耳膏立大衞；所有這些先知、祭司、士師、統治者、智者、僕人等等，都蒙召**做**某些特定、由上帝命定的任務，正如亞當夏娃在園子中一樣。**工作將「蒙召的人的身分」和「實現這身分」交織在一起。**

因此，我們應該視工作為個人的召命——個人得到裝備、訓練或恩賜、經驗去做的事情。某些工作是為信徒的生命而設的。當然，某些關於工作的描述或召命，可能在上帝的指示下有所改變。馬克．吐溫（Mark Twain）曾經這樣説：

> 誰説「找到自己的工作的人有福了」？不管他是誰，他都是一個思想正確的人。要留意，他説的是他的工作，不是別人的工作。如果某種工作真正是某人自己的工作，它是遊戲，完全不是工作。做別人的工作，又不能失去它的人是受咒詛的。當我們談及世界上偉大的工作者時，實際上是談到世界上那些偉大的玩耍者。背負著重擔歎息流汗的人，永遠無望做任何偉大的事情。當他們的靈魂正準備對抗他們的手和頭腦所做的事情時，他們怎能做偉大的事情？奴役的產物，無論是智力上的還是物質上的，都永遠不可能是偉大的。[15]

## 「合乎道德的工作」的目的和目標

當做得正確時，工作不單目標明確，也有目的；也就是説，它傾向有某個目標或結果。身為基督徒，對工作應該提出的正確問題是：這行動有助還是妨礙將來的國度？這行動能否促進基督的事工？這行動能否榮耀上帝？能否以感恩為祭獻給上帝？簡單來説，這工作的性質能否榮耀上帝？[16]

工作，無論是疏通洗滌槽的管道，還是探索宇宙的深渺，在基督徒手中都是事奉。所有信徒的祭司身分，導引所有信徒的事奉。我們可以感謝馬丁．路德（Martin Luther）強調這一點，看到它與「工作作為召命」這個觀念的連繫。工作是基督之事奉的延伸，也是祂呼召祂最早的門徒踐行的事奉的延伸。這涉及多種活動和職業。

當然，正如我已經指出，被視為合宜、道德的工作或事奉，是有限制的。給人類食物是事奉；搾取他們不是事奉。服事妓女是合宜的；但鼓勵這個行業卻不合宜。以合乎道德的方法幫助人們脱離債務是事奉；幫助他們作高風險的投資則不是。成為二手車推銷員可以是事奉；將人們不需要，不能幫助他們的東西賣給他們，則不是基督徒的工作。

現在你應該明白這個討論的主旨。我們從事任何種類的工作前，都需要問：那能否榮耀上帝和造就別人？那能否表達對上帝和鄰舍的愛？如果答案是否定的話，我們便不應該做。

**工作不是世俗的活動；它是神聖的活動，最初由上帝命定，因此我們必須以神聖的方式進行**。美好、古老、誠實的勞動或艱苦的工作，包括體力勞動，絕對沒有任何問題。但無論我們做甚麼，都要追求卓越。用一句古老的話說，我們的創造主不製造垃圾，祂同樣呼召我們在生產物品時追求卓越。當卓越的標準是工作者基督的榜樣時，「夠好了」並不夠好。

## 苦活也有尊嚴

在耶穌身處的時代，羅馬富裕的上流社會討厭苦活，就是那些弄髒雙手和衣服的工作。但像耶穌和保羅這些古代猶太人卻不是這樣，他們看到各種體力勞動所蘊含的尊嚴。保羅不覺得織帳棚或製造皮具有任何問題，耶穌也不認為做木匠有任何問題。我們也不應該覺得這些工作有甚麼問題。而且，當論到工作、召命、事奉，無論是暫時的還是長期的，新約中的榜樣都認為中途改變沒有甚麼問題。

我以前居住在俄亥俄州（Ohio）東北部，那裏不時有龍捲風。記得有一次，龍捲風吹襲希布倫（Hebron）附近，那裏住著門諾會嚴謹派（Amish；編按：或譯「阿米布人」、「阿米許人」）居民，也住著非嚴謹派居民。龍捲風過去後，鎮中的非嚴謹派居民大多數忙於找聯邦災難管理總署（FEMA）和其他機構幫助。而嚴謹派則不等待救援，開始著手重建房屋和穀倉。他們甚至幫助非嚴謹派重建房屋。他們擅長木工和砌磚，著手工作，幫助社區中所有人。他們十分清楚基督徒的召命：運用你的技巧、你的經驗、你的能力、你的召命為別人服務，以實際、具體的方式，事奉那位教導我們愛鄰舍的上帝。

我知道世界上大部分人工作，都只是為了過活，為了生存。他們沒有選擇。工作是必須的，不是一種享受，它往往甚至不是選擇。對世上大部分人來說，他們只是做擺在眼前的事情，賺取溫飽。泰勒認為，我們這些生活在豐足之地的人，有時選擇過不同的生活會是一個好的練習，因為這樣可以令我們對工作有完全不同的看法和理解：

> 像世上大部分人那樣生活，專注於生存。一星期都穿著同一套衣服，因為實在太寒冷，完全不想脱掉那些衣服。盡可能靠近火爐睡覺，歡迎別人一起取暖。學習拒絕高等教育、健體舞、精通電腦、自我實現等目標。渴望你不能靠自己得到的光明，當每一個早上，太陽升起時，感受你那充滿感激的心。珍惜溫暖，重視庇護所，讚美流水的奇迹。[17]

有時，藉著改變我們的工作情況，我們更能夠看清工作到底為了甚麼、工作是怎樣的、甚麼工作值得做。

## 論工作和世界

毫不令人驚訝的是，隨著工業時代來到，我們再也感覺不到工作和我們在其中工作的世界、凡人和土地之間的連繫。只有極少數人仍然是農夫或園丁。但失去這種與土地連繫的感覺，對我們是不利的。我們需要空氣呼吸，需要喝水，需要進食，需要庇護所，需要工作。這一切都需要一個活生生、能呼吸的地球，它對人類友善，讓我們在其中能做上述事情。詹森這樣說：

> 工作總是與土地相連，工作之所以可能，是因為土地的資源，令我們能夠依靠土地的豐富生產過活。沒有勞動是在土地以外，或遠離土地的。電腦程式運用從地球的外殼開採的礦物；法律系統嘗試使人們在地球上彼此文明地生活……而各種工作，都是為了得到來自土地的食物和資源。美好的工作將我們拉近土地，提醒我們，我們與土地有著不可磨滅的連繫，教導我們輕輕地踏步。[18]

實際上，我們在地球上找到的一切事物（除了隕石）、我們生產的一切、我們的一切產品，都直接或間接來自大地——我們永遠都不能忘記這個事實。我們不單在大地上或在大地中工作；我們也**與**大地一**起**工作，它是我們的家和居住的地方，我們要尊重它。我們需要一個生態圈，好生活在其中；我們需要一個環境，在其中，空氣是清新的，水是乾淨的。太多時候，我們視自然或大地只是個消遣的地方，或者是讓人拍照的地方，而忘記了我們與大地緊密相連。我們本是塵土，仍必歸於塵土。

說「這世界非我們的家，我們只是過客」的基督徒，沒有留意聖經結尾的新創造神學（theology of new creation），它提醒我們，我們所有人的終點，是在地上，而不是天堂某處沒有實體的地方。原來上帝是生態主義者，祂也想更新和救贖大地，而不單是人類；因此我們在地上，部分合宜的工作是以我們對待大地的方式預示那更新：照料園子、灌溉泥土、清潔空氣、潔淨食水，以及在使用可再生能源時，採用環保的方法。

有些人認為世界即將過去，我們可以把它當成垃圾丟掉，然後搬到其他地方，像天堂。持有這種想法使我們既不好好照料大地，也不好好耕種土地；而是將世界變成一大片垃圾堆填區；電影《太空奇兵．威E》（*WALL-E*）讓我們看到這種態度會帶來甚麼。

可幸的是，這種浪費大地豐富資源的悲劇，已經開始引起一些基督徒注意。他們發覺，上帝是保育者，這是祂的世界，祂希望我們照料世界。是時候讓這種態度形塑我們對工作的看法了。至少有一點是明顯的：有些工作是不道德的，因為它們引致的後果是對大自然的破壞。例如那種稱為「露天礦」（strip mining）的採礦方式，作為一種在大地上工作的方式，它帶來的壞處比好處多很多。「具破壞性的工作假裝我們不必倚靠大地生活，鼓勵為所欲為。」[19]當然，工人需要工作維持生計；奪去他們的工作，卻不給他們其他有意義的工作，也是錯的。我們對工人和世界，都有倫理責任（ethical obligation）。

## 關於勞動和節省勞力的設備

想想「**節省勞力的設備**」這個詞組，這是一個多麼古怪的概念。畢竟，它指一件**用來**完成任務的設備。這聽起來就像一種製造勞力的設備！當然，這個詞組通常指，如果你使用某種設備，你便不用做得那麼辛苦、那麼艱難、那麼勞苦。它某程度上將辛苦從勞苦中除去。它某程度上將墮落的咒詛逆轉，且認為這不是壞事，特別是它讓我們的工作完成得更有效率、更完整、更完美。

我們活在人工製品和講究技巧的時代——人工光源、人工熱能、人工運輸方法。我們是囚犯，被我們的小巧裝置俘擄。我們身處電腦和 iPod 的文化。在這種文化中，我們太容易看不見那美好和神聖的工作的真正本質和性質。我們十分需要一幅地圖，帶我們回到一個地方，在那裏，我們可以用另一種不同的方式理解工作。

泰勒提出：

> 我生活的文化，視體力勞動為最低級的勞動。園藝似乎是可以接受的，還有洗車和與健身相關的工作。但除此以外，一般的觀念是，要賺足夠多的錢，讓你可以聘請別人替你換牀單、洗廁所、剪草、耕種食物。通常以這些工作維生的人，都處於經濟階梯的底層。如果美國文化有印度的種姓制度，這些工人會是低下階層（Shudras）。此外，那些

> 自己維修物件的人，也傾向使用節省勞力的設備：吸塵機、除葉機、洗碗碟機、除草機。很多人橫過草坪，拿著冰凍啤酒的可攜式冰箱。戴著減低噪音耳筒的人，拿著噪音巨大的機器「轟炸」行車道，將葉子吹到街上，而最先駛過的汽車，又將葉子吹回他們的前院。[20]

因此，美國很大程度上不單脫離了土地和古老的體力勞動，也沒有從神學角度看待工作的目的、性質、必要性、目標。

這種脫離有很多種形式。我曾經為一羣兒童舉辦一個課程，我問他們食物來自哪裏，他們一致說：「雜貨店。」這答案並不令人意外；在二十世紀，美國人口由超過三分二在鄉郊，變成在二十世紀末有百分之九十在市區或市郊。在二十一世紀，食物來自雜貨店——這是理所當然的。但雜貨店並非食物的真正來源，只是食物的轉運方。除非我們知道事物的來源，否則我們不知道它們所屬的類別，也不知道我們的工作怎樣與它們相連。

## 凡人脫離大地

為甚麼我們對工作以及它與土地的關係的意識，是那麼重要？從神學觀點而言，這部分是因為我們住在土地上，或者正如創世記所說，我們由地上的塵土造成，有一天會歸於塵土。創世記告訴我們，上帝創造我們，要我們在這土地上工作，並與它和諧共處。但墮落來到時，我們對工作的看法扭曲了，我們視它為重擔。

我們也忘記了一切都屬於上帝。我們忘記了最終沒有「人類財產」或「私有財產」這回事。「地和其中所充滿的，世界和住在其間的，都屬耶和華」（詩二十四 1）。不單什一奉獻屬於上帝，一切都屬於祂。我們是上帝財產的管家，這必然完全改變我們對工作的看法。[21]我們是上帝的僕人、上帝的雇員、上帝的工人。我們沒有帶甚麼來世界，死時也不能帶走甚麼。我們的工作神學，必須連於我們的財產神學（theology of property）；反過來也一樣。很多人談及他們「終生的工作」，這兩個詞語連在一起是對的。人活在世上，不可能不需要工作；失去了生命，也就不必工作。

我們在這頭一章的目標，是作出不同**類型**的神學和道德考量，好使我們對工作作為呼召、召命、事奉，有恰當的看法。事實上，即使工作有時看似苦差，如果是為了上帝的榮耀而做，它本質上也是好的；如果那工作是為了培育別人而做，它至少是神聖的苦差，而不單是勞苦或某個活動。它有意義、目的、方向，是會帶來國度的。

那麼，你蒙召要完成的傑作——在白天，以及在全能者的隱密處，你偉大和美好的工作——是甚麼？無論那是甚麼，你都要繼續，因為國度將會來到，事實上，「黑夜將到，就沒有人能做工了」（約九 4）。黑夜來到時，沒有夜班，等著人類的只有墳墓。因此，讓我們捲起衣袖，做好準備，勤於根據道（Word）來理解工作，服事世界。或許我們會明白，為了國度和國度的君王，「勞苦⋯⋯不是徒然的」（林前十五 58）是甚麼意思。

# 2

# 工作神學：召命

召命的教義有如基督徒生命的綜合教義，它與信心和成聖、恩典和美好的工作有關。它是基督徒倫理的關鍵。它顯示基督徒可以怎樣影響文化。它以上帝的同在，轉化平凡、日常的生活……所有信徒的祭司身分並不是要令每個人成為教會的工人；而是要令每一種工作，成為神聖的呼召。

**韋特**（Gene E. Veith）[1]

## 強調個體？

自從宗教改革開始，西方文化便愈來愈強調個體（individual）；事實上，宗教改革的幾個元素，加速了這個先前已經存在的傾向。首先，有「信徒皆祭司」這個平等的觀念，它與另一個觀念——所有信徒蒙召從事各種虔誠的工作——緊密相連：

> 召命的教義鼓勵人們留意每個人的獨特性、天分、個性。人們珍惜這些東西，視之為來自上帝的恩賜：上帝以不同的方式創造和裝備每個人，好讓那人能完成呼召，祂有那人的生命藍圖。召命的教義削弱一致性，承認每個人的獨特價值，禮讚人的與眾不同之處；召命的教義使這些個體形成一個羣體，避免世俗個人主義那種私人化、自我中心的自戀。[2]

韋特頗具信心地這樣提出。我沒他那麼有信心，因為他認為新教對個體的強調，能夠抗衡而不是帶來現代的個人主義。無論如何，隨著個人主義而來的，是同樣現代的觀念，關乎工作、工資、私人財產，當然還有我們較早時提到的清教徒工作倫理。這些事情並非全都是好的，特別是當它們往往令人們難以維持基督身體的合一。

再者，在個體化的過程中，我們失落了聖經中「集體人格（collective personality）」這個觀念——也就是我們怎樣透過自己所屬的羣體，得到自己的真正身分，這羣體在這裏是指基督的身體。當我的學生讀到腓立比書二章 12 節的希臘語，發現「就當恐懼戰兢做成你們得救的工夫」是勸誡一個羣體，經文中的「你們」(you)是複數時，大部分人都感到震驚！因此，救恩是關乎羣體的計劃。工作也是這樣。雖然稱讚「所有基督徒——不單是受按立的神職人員——都有呼召或召命」這個宗教改革提倡的觀念是正確的，但這並不致合理化美國新教那種過分的個人主義。但當我們從宗教改革的神學角度來談及所有基督徒的召命時，讓我們先看看首先開始這一切的馬丁．路德是怎麼說的。

## 路德、上帝的旨意、兩個國度

在宗教改革神學以工作作為召命背後，是路德對上帝旨意的看法，也就是上帝透過人類和自然的方法實現祂的旨意。我們可以透過路德對羅馬書十三章的解釋，特別清楚地看到這點。他的解釋指出，所有權力——包括皇帝的權力——都來自上帝，政府機構也是上帝施行公義的代理者(agents)或工具。路德將羅馬書十二章最後一部分——這部分講述和好及饒恕——與羅馬書十三章開頭的部分，根據召命的教義加以調和。他認為，在一個召命中恰當的事情，在另一個召命中有可能並不恰當。

路德相信，政府官員懲罰賊人或殺人犯是恰當的，而基督徒並非政府官員，因此這樣做並不恰當。不同的召命涉及不同的角色。當然，這種進路的問題是，如果基督徒剛好是政府官員，那怎麼辦？這個基督徒在任職期間不用忠於登山寶訓，轉而以上帝之憤怒的代理者（agent of wrath；編按：參羅馬書十三章4節下：「他是上帝的用人，是伸冤的，刑罰那作惡的」）。這個身分執行公義？還是他應該在某些場合根據他的公民召命（civic vocation）行事，在家裏不用工作時，又根據另一種方式行事？還是他一早就應該避免成為法官，或者警察？關乎領域（spheres）、國度、多重召命的神學，對我們應否服從耶穌在登山寶訓的教導，可以在基督徒生命中，帶來某種精神分裂。登山寶訓中沒有任何元素表示耶穌說，我們只需於私人領域，或者從某些公民職業中「下班」後，才要遵行這些教導。

就基督徒應該怎樣看待別人對他們所犯的罪行時，韋特這樣解釋那對立：

> 有人爆竊我們的汽車，偷去我們的音響時，我們不應該追捕犯人，槍殺他。我們沒有這種權力。我們沒有蒙召這樣做。我們應該報警。他們擁有權力和召命以公義制裁犯人，法官和獄警有懲罰他們的召命。[3]

但說「那不是我的責任」，並沒有解除門徒**總要**遵行主的教導這責任。路德對這件事情的回應建基於上帝作為「隱蔽的上帝」(*Deus absconditu*)這觀念：上帝隱藏在日常生活中，隱藏在人類的召命中，但祂總在工作。而在這個觀念背後，當然是奧古斯丁(Augustine)的觀點：上帝命定一切事情發生——不是積極地**令**事情發生，就是消極地**容許**事情發生(只要是上帝「容許」的事情，肯定會發生，即使它們表面與上帝啟示的旨意不一致)。

不過，說「上帝使用民事法官保護我們，使用父親照顧我們，使用配偶賜福我們……上帝甚至使用那些不認識祂的人工作」[4]是一回事；說「上帝使用納粹黨懲罰猶太人，因為他們拒絕接受基督為救主」則完全是另一回事——事實上，一些信義宗信徒(Lutherans)在第二次世界大戰之前及期間，確實說過這樣可怕的話。奧古斯丁主義的問題是，如果所有人的行為，無論好壞，都是上帝的代理，那麼所有行動最終都可以追溯到上帝，上帝便成了罪和邪惡的最終來源。

路德的神學並沒有考慮到「另一種相反的可能性」。即使不作大量神學討論，我們也可以看到，就召命神學而言，路德的進路有問題。舉一個極端的例子，扯皮條是來自上帝的召命嗎？上帝透過它來做好事？皮條客是上帝的代理嗎？如果答案是否定的話，那麼有些召命、任務、呼召，便不是來自上帝，有些事情是上帝不會做的，是上帝沒有與之祕密合作的。當然，上帝可以叫「萬事都互相效力，叫愛上帝的人得益處，就是按他旨意被召的人」(羅八 28)，但坦白說，這並不代表上帝命定某些人邪惡，某些人扯皮條，某些人殺人等等。

## 召命來自呼召

令路德的觀點更顯不足的是，在聖經中，來自上帝的召命（vocation），同時伴隨著從上帝而來的呼召（calling）。漁夫聽到耶穌呼召他們，予以回應，他們成為得人的漁夫。在這裏，回應上帝的呼召，和接受來自上帝的召命，這兩者之間的連繫是清楚可見的。事實上，它是那麼明顯，以致中世紀初期，一些基督教神學家錯誤地將召命**只**連繫到那些蒙召成為修士或修女、神父或主教的人。人們將神聖的呼召區分出來。這個錯誤，與稱所有職業為召命一樣嚴重。

到了宗教改革時期，部分問題是，路德持守我們所謂的「兩個國度」（two-kingdoms）的模式來分析現實。世界分為世俗國度和神聖國度，兩者分別有不同規則，甚至不同召命。這個嚴格的區分無意中加劇了神聖和世俗之間的分裂。但聖經沒有說上帝擁有兩個國度，一個屬靈，一個屬物質；一個神聖，一個世俗。聖經中惟一一個有上帝的名字附在其上的國度，是耶穌宣稱透過祂的傳道、教導、醫治、死亡和復活帶來的國度。其他所有國度，耶穌都稱之為這世界的國度。這並不表示上帝與這些地上國度沒有關係。事實上，上帝授權它們，也給它們能力。但如果我們說**上帝擁有**兩個國度，在當中分別施行不同的原則，則是錯誤的。

## 上帝在工作？我們與上帝一起工作？還是兩者都是？

但像以弗所書二章10節這樣的經文又該作何解釋呢？「我們原是他的工作，在基督耶穌裏造成的，為要叫我們行善，就是上帝所預備叫我們行的。」承襲信義宗傳統的人會說，「我們是上帝的工作」不單表示上帝創造了我們，給我們能力做好事，也表示「上帝在我們裏面工作，做祂想做的事」。[5]但我想指出，保羅在這裏使用的是「代理的語言」（language of agency），談及可行的另一種可能。

也就是說，上帝授權、加力給我們，要我們做好事，但**我們**是上帝的代表，最終選擇做或不做的，是**我們**。我們不應該只假設上帝在宇宙中「做」任何事，只把我們當作祂的棋子、祂的木偶，甚或祂的工具。我們人類不是棋盤上的棋子，我們是按上帝的形象受造的人。大致上，上帝以我們為祂的代理者，這意味著祂給我們空間自行行動，而我們的能力來自全能者。

我想指出，這正是為甚麼保羅會在哥林多前書三章說，我們與上帝同工，但我們的工作與上帝的工作有別，兩者不等同，兩者也不應該結合或混淆。從聖經的觀點而言，與另一個人合作涉及相交（*koinonia*），即共同分享或共同參與。它不涉及——至少不是經常涉及——一方指派另一方，或一方被另一方利用來實現其目的。我們與上帝合作時也是這樣。在這裏，正如沃夫那樣，我們會留意到大部分新教和天主教神學家都大致同意，聖經視人類的工作為「與上帝的合作」。[6]早在創世記二章，我們已經可以看到，新的大地之所以沒有植物，是同時與上帝和人類有關的：上帝還未賜下雨水，沒有人耕種土地。「上帝和人類在保存受造界的任務中相互倚靠。」[7]

## 太徹底地區分信心和行為

路德的觀點也在信心（據稱是事奉上帝的信心）和行為（據稱是事奉我們鄰舍的行為）之間，建立無益的對立。說「沒有行為的信心是死的」那位使徒雅各，很難同意這種區分。我們在基督裏受造，為要行善，那些善行既是我們代表上帝，並為了上帝的榮耀而做的，**也是**我們為了幫助我們的鄰舍而做的。將「事奉上帝」和「服事鄰舍的工作」分開，並不比將兩個國度分開好。

路德是那麼堅持這種分工，以致指摘那些修士；後者相信自己禱告和做彌撒，就是在行善和事奉上帝。根據路德的觀點，在屬靈國度，上帝服事人類，而不是人類服事上帝。因此韋特堅持這種區分：「在召命中，我們不是為上帝行善——我們是為鄰舍行善。」[8]因此，我們的召命與「恐懼戰兢做成我們得救的工夫」這個過程無關，與我們持續的成聖無關。當然，信義宗信徒嘗試提防的，是藉行為或善行得救這個觀念。但這真的是可以用聖經辯護的立場嗎？這肯定不是保羅的觀點。讓我們看看帖撒羅尼迦前書四章 3 節：「上帝的旨意就是要你們成為聖潔，遠避淫行。」這可能看似與我們探討的工作這個課題沒有多大關係，但它明確地表示，身為基督信徒，我們所做的事，確實影響我們的成聖、我們的持續得救（在性方面的不道德將對得救帶來負面影響）。我們對路德神學的檢視清楚表明，我們的「工作和召命神學」，會受我們如何看待上帝在世界的作為，以及我們的救恩神學影響——即使不是完全由這些神學決定。

## 服事鄰舍就是事奉基督

我們的召命包括彼此相愛和服事。基本上，為了正確的目的和目標而做的每種工作，都屬於「服事」。不過，我們應該弄清楚的是，當我們給飢餓的人食物，給赤身露體的人衣服，探訪被囚禁的人時，我們不單在服事鄰舍。馬太福音二十五章 35 至 40 節清楚表明，我們做這些事情時，也是在事奉上帝。太徹底地區分我們對基督的事奉和對鄰舍的服事，是錯誤的。這並不是因為基督以某種方式「隱藏」在鄰舍中，而是因為耶穌希望我們像對待祂那樣對待別人——就像**祂的肉身親自臨在**。這就是代理、接待、與別人感同。它與基督「隱藏」在鄰舍中無關。它也不是關乎我在悲慘的鄰舍中「看見基督」，而是當我遇到這個鄰舍時，我看到像基督那樣服事她的機會。在這樣的交往中，跟從基督樣式的，是那個服事的人，而不是那個受服事的人，因為基督是捨己的服事者（參可十 45）。W.W.J.D. 應該成為我們的口號：**耶穌會怎樣做**？

韋特對工作和召命的處理，其中一個寶貴的洞見是，工作不單是個人在職場為了薪金而做的事情。個人的召命和工作，可以是在家裏照顧小孩，或者在捐血中心做義工，也可以是在法律援助處做慈惠工作等等。可行、有價值的工作，以及與此相關的召命和呼召，並不限於為報酬而做的工作。當然，在我們的世界，特別是在美國，太多人因為沒有從事受薪的工作，甚或只是就業不足，而感到自己無用。但根據是否得到報酬來評估工作的好處或價值，是大錯特錯，更別提根據個人可以得到**多少**報酬了。

## 上帝的呼召和帶領，以及別人的選擇

韋特提出的另一個寶貴的論點，是我們的召命絕對不是完全掌握在我們自己手中。這是它被稱為「呼召」的其中一個原因。我們不能任意選擇我們的召命。我們被帶到召命那裏，這表示我們必須開放，聆聽上帝呼召我們做甚麼。甚至當我們蒙召，並得到恩賜做一些事情時，上帝也不讓我們自行其是，而是在我們的工作中引導和帶領我們。當然，這並不表示我們成為基督徒時，我們的角色或我們的工作，突然之間變成了我們的召命。當然不是這樣。上帝呼召一個賊人時，偷竊並不會變成他的召命。上帝倒是呼召他放棄偷竊。對我們任何人來說，無論我們的職業是甚麼，都可能是這樣。

沃夫說，當路德區分個人的「內在屬靈呼召」和來自「生命景況的「外在呼召」，當中所隱含的含糊性是危險的，沃夫是對的。我們怎樣調和這兩個呼召？特別是如果「外在呼召」與悔改和回應福音不相容時？這問題的出現，一部分得歸因於太緊密地結合呼召和召命，另外還要歸咎於一個假設，就是一切都是由上帝命定。[9]

路德對「留在生命的景況中，視之為個人的呼召和/或來自上帝的召命」的理解，當然也違背了福音書的內容；在那裏，耶穌呼召門徒**丟下**魚網，**不再**收稅，而耶穌自己則不再做木工。我們要區分呼召的語言和召命（以及恩賜）的語言，這是因為所有基督徒都蒙召出黑暗，愛上帝和鄰舍，實行大使命。而且**呼召**本身並不特指一個召命——除了上述大誡命和大使命這普遍的召命。保羅在羅馬書十二章或哥林多前書十二章談及一些任務時，他提到聖靈怎樣將不同的恩賜，給予得到不同召命的人。召命因人而異，但上帝的呼召給予所有歸信的人。

我們基督徒大部分人在生命中的某些時刻，都有感到「被引領」去做某些事情的經驗，那些事情往往涉及改變召命。例如大衞，他本來是牧羊人，但先知來膏立他成為君王。這種神聖的介入、上帝的旨意、意外事件確實會發生。大約十五年前，我也遇到過這種事。當時我在俄亥俄州東北部一所神學院任教，突然接到電話，對方請我考慮到亞斯理神學院任教。掙扎了一段時間，並求問主、徵詢我太太和其他人後，我接受了這工作。召命，甚至是為了同一種召命遷離，並不純粹掌握在當事人手中。那是上帝呼召一個人去做某些事的結果，是上帝的帶領，但它與呼召本身不同。

基督徒知道他們蒙召**接受**他們的召命，而不是在他們的召命中得到呼召，也不是被他們的召命呼召。[10]當然，有時基督徒將呼召傳開，就像出埃及記三章中的摩西，他嘗試將上帝給他的呼召，傳給哥哥亞倫。或者有時我們不單未能盡一己之才，更是身兼錯職。這樣的情況發生時，上帝會令我們十分不自在、不安，對自己所做的事情不滿意，即使在某種程度上，我們十分喜歡繼續那樣做。祂發給我們的內部備忘錄，提醒我們不應對自己所做的事情感到自在。有時基督徒完全拒絕上帝對他們生命的呼召，去做其他事情。不過，我們要提醒自己，生命不單關乎我們所作的選擇。生命往往關乎別人為我們所作的選擇，或他們所作的與我們相關的選擇。

雖然我們傾向認為我們活在充滿選擇的世界，我們過的生活取決於我們所作的選擇，但基督徒實際上知道，生命不單關乎選擇，也關乎發生在我們身上的事情。我沒有選擇在韋特寧頓家（Witherington family）出生，也沒有選擇在美國出生，或者在北卡羅萊納州（North Carolina）出生，或有一個妹妹。我沒有選擇去諾思伍德小學（Northwood Elementary School）上學等等。我沒有選擇有棕色眼睛和頭髮，在長到大約五呎十吋時便不再長高。問題是：呼召和召命是我們可以選擇的東西嗎？就像我們到哪裏上大學或與誰結婚？還是它是已經命定的事情，就像我們的父母是誰？

我猜大部分人成長時，都會假設我們可以選擇自己將會「變成」甚麼樣子。人們反覆問年青人的問題是：「你長大後想做甚麼？」這表示他們的個人想望和期望，是有影響的。當然，除了簡單的想望外，還涉及更多因素，包括我們的恩賜、恩典、才能、學習方式等等，而明顯，我們無法選擇在某方面或某範疇擁有恩賜與否。

我大學一年級時預備讀醫科。但上了幾節有機化學和微積分等科目後，我便明顯知道自己不是讀醫科的材料，因為我拿不到進入好的醫學院所需的成績。上帝沒有賦予我那方面的才能，無論我花多長時間學習，或者多麼努力學習都沒有用。「因此，找到你的召命，部分與找到上帝賜予你的天賦（你有能力做甚麼），以及上帝賜予你的個性（你這個人適合做甚麼）有關。」[11]

可惜的是，我們大部分人都有過一兩個老師，他們有足夠的才能理解他們所教的學科，但卻不善於教書。我大學時有一個這樣的微積分老師，那時的笑話是，這老師和教科書的分別是教科書不會口吃。這個笑話頗為殘忍，但如果只會照本宣科，不能幫助學生明白學科內容，也不能令他們對學科感興趣，那麼這個人的召命很可能不是作教師。

我們的性格和人際技巧，是決定我們做甚麼的部分因素。假設我們的呼召一定與我們天生的傾向、本能、想望不同是錯誤的。但這也並非絕對的事實。每個人都是由天賦、恩賜、性格、教育、訓練獨特組合而成的，這些都影響我們應該實行甚麼呼召或召命。有一件事是明顯的：我們找到自己的呼召時，不大可能會覺得它沉悶，雖然它可能是艱巨的。我們也不大可能會討厭自己蒙召做的事情，雖然可能有些日子或在一段更長的時間裏，困難甚或危險，令我們十分希望自己蒙召做的，是其他事情。

箴言的作者提醒我們，「人心籌算自己的道路；惟耶和華指引他的腳步」（箴十六9）。關於美好和敬虔的計劃以及它的實現，信徒和主之間，有一種協同的關係（synergistic relationship）。上帝開出一條路，鋪路，讓我們做我們應該做的事，但同時我們自由、不經預定的選擇，也交織進這神聖的設計中。這裏有一個奧祕，說「這完全是上帝的作為」，和說「這完全是我的作為」都是錯誤的。我們必須找出上帝在我們生命中的作為，而這包括我們的召命。我們計劃、禱告、奮鬥、工作，但我們必須將結果交在上帝手中，因為沒有人可以控制自己所有努力的結果。

古老的修路告示通常說：「施工中。」但在任何配稱為呼召的呼召中，永遠都不單是人在工作；上帝也在工作。我們愈快謙卑下來，看見自己是上帝卑微的初級伙伴和同工，而不是場上惟一的工作者，便愈能夠真正掌握工作、召命、呼召。這裏有令人振奮的消息。毫無疑問，上帝可以自己完成工作，但祂選擇讓我們參與祂的工作！正如保羅所說，我們是上帝之奧祕的管家，我們是祂葡萄園中的同工，我們是上帝恩典的執事，我們是世人的鄰舍，將上帝的愛分給世界。

我同意韋特說的，我們的呼召來自我們自己以外。那不是我們只透過內省或自我分析就能發現的東西。如果連以利亞這樣的先知，也要去到某個地方，才能夠抗衡世界的噪音，再次聽到上帝呼喚他的聲音，我們又有甚麼理由會與他不同？

韋特也指出，一個人受聘時——無論雇主是律師行、醫院、大學還是其他地方——那不單是個人的選擇，也不單是雇主的選擇。幾乎在所有情況下，都有複雜的招聘過程，涉及不同人、委員會等等，他們共同合作，辨識出某個能夠以其召命填補機構空缺的申請人。只有當一個人完全自雇時，才會排除這個過程，而即使是這樣，我們也可以說自雇人士的客戶，對自雇人士辨別其召命的過程，必然有影響。

## 是恩賜，還是召命？

當談到工作，神學家沃夫想將討論的用語，由「召命」（vocation）改為「恩賜」（charism）。[12]我不贊成這種做法。首先，在哥林多前書七章，「恩賜」這詞是指一種滿有恩典的恩賜（the grace gift）：為主守獨身，或在主裏保持已婚的身分。它與我們的召命沒有直接關係。第二，哥林多前書十二章和以弗所書四章都說，不同的人「是」教會的恩賜（gift；「他所賜的，有使徒……」），這裏的恩賜指的是那個人，而不是那工作！我不否認某個人會得到恩賜做特定的工作，因為毫無疑問，他蒙召和得到恩賜這樣做。但那工作本身不是恩賜，人的工作能力才是恩賜。

問題是沃夫錯誤地定義「恩賜」這詞，在某些方面也定義得太廣泛。[13]我同意以下說法：聖靈給每個人恩賜，而這些恩賜裝備人們，進行不同形式的服事、事工、工作。但恩賜不是工作或召命。沃夫說，談及聖靈裝備個人做甚麼時，我們不應將討論限制在特定的宗教工作，或直接涉及分享福音的工作，這是對的（參出三十五 2～3）。在聖經中，各種任務都在聖靈的覆庇和加力下進行（參士三 30；撒上十六 13，二十三 2；箴十六 10）。基督徒知道，是聖靈決定誰該得到甚麼恩賜（林前十二 11）。

沃夫說聖靈不單將工作人性化，也將工作基督化，這是絕對正確的。聖靈不帶領任何人以不誠實、不光彩、具破壞性、沒有愛等等的方式做事。而由於聖靈是耶穌基督的靈，聖靈令人們能夠在他們所做的事上——包括他們的工作——效法基督。這自然意味著基督徒不能做某些工作。「基督徒的工作的重要性和意義，在於他們與上帝合作，預示終末的世界轉化（*transformatio mundi*）。」[14]聖靈賜予我們工作的能力，也為我們應該做甚麼工作提供引導和指引。

## 呼召應以上帝為中心，還是以教會為中心？

在這裏，我十分不同意韋特的一個觀點。關於呼召和「雇用我們的機構或組織」之間的關係，他這樣說：「在教會中，牧師由會眾呼召，也就是說，他們的神聖呼召來自教會整體的工作——教會揀選他們，訓練他們，按立他們事奉。當某個女人『感到蒙召事奉』……她不能到沒有呼召她的教會事奉。」[15]這種論證方式至少有三個問題。

首先，呼召來自上帝，不是特定的教會或教會領袖。教會可以幫助一個人辨識自己的呼召，可以培養人回應自己的呼召，但「呼召」這個人的，不是教會。在新約中，從彼得到保羅到亞波羅，以至其他不同人的例子，都清楚顯明是這樣。呼召直接來自在基督裏的上帝，無論是在往大馬士革的路上，還是在沙灘的火爐邊，或其他地方。教會不是基督，它不做呼召的工作。身體不是頭。身體的工作是在某人蒙召時認可那人，然後藉著委任那人工作，肯定那呼召。

第二，一個人往往蒙召服事一間沒有呼召他/她的教會。想想列王紀上十八章中，以利亞在曠野的經驗。他實際上是在向上帝說：「以色列人拒絕我，準備將我處死。很明顯他們不是在呼召我服事他們。」上帝對這種想法有甚麼回應？祂沒有順從灰心的以利亞的傾向，而是說：「回去完成我給你的任務，你要知道我會再給你多一點幫助。」

第三，即使在實踐的層面，大部分基督教的宗派都有委任的制度，牧者往往被派到沒有呼召他們，沒有特別要求他們到那裏的地方教會，後者只是接受他們為合理的委任——這委任由主教或地區總監執行。當然這其中有辨識的過程，宗派可以諮詢個別教會本身的需要，但最終，牧者不是，也不應該由地方教會呼召或委任。給地方教會這種權力，明顯違反了新約中由長老、執事、教師和其他領袖組成的體制，正如教牧書信和其他地方闡述的那樣。雖然有些基督教教會宗派偏離了它，但關於委任牧者，新約的確提倡一個教會等級系統（a hierarchical ecclesial system），雖然我們可以就細節進行討論。[16]因此，我們不能以韋特對牧者事奉的呼召的描述，作為基督徒蒙召接受召命的模式。

## 甚麼才算呼召？

婚姻是呼召或召命嗎？我認為不是。婚姻需要恩典的恩賜（grace gift），但它不是工作，它不是以雇用的形式呈現，不是一個任務。保羅在哥林多前書七章談及這個問題。他說有些人擁有為主守獨身的**恩賜**，有些人在主內結婚，但每個基督徒都必須辨識自己的恩賜適合哪一種狀況或階段。婚姻和獨身都需要某種恩典的恩賜。但某些事物擁有恩典，並不必然令它成為召命、呼召、工作或任務。保羅相信，無論人處於甚麼社會地位，都可以在那狀況和地位中，成為基督徒（林前七 17～24）。

保羅在這裏沒有將婚姻或獨身視為召命，其真正理由，在於他在同一段內容的上下文中，說奴隸不需要改變他們的地位，也能夠成為真正的基督徒；但如果他們有機會改變狀況或社會地位，便應該好好把握機會。保羅明顯不認為作奴隸是一個美好或敬虔的召命，這個觀點在腓利門書特別明顯。某個人一旦成了弟兄，便不再需要作奴隸。簡單來說，哥林多前書七章討論的不是召命，而是社會關係、狀況及社會地位，這兩者是十分不同的。

韋特承襲信義宗傳統，也說「家庭是最基本的召命。」[17] 我在幾個層面上不同意這點。最重要的是，某個人只是出生在（或被收養到）某個家庭，正如我們在上面討論過。家庭是**發生在我們身上**的事，它不是呼召或召命，它是恩典的恩賜。

家庭中的角色呢？它們是召命嗎？我認為視一個人在生命的不同時期，甚或在一星期的不同時候，其主要的任務或召命是作父親或母親是可以的；這些是人結了婚，然後選擇有孩子時自願接受的任務。事實上，上帝可以呼召人在生命中的某段時間，以作為父親或母親為自己主要的召命。但我想區分個人的主要任務（我指的是個人花最多時間去做的事情）和基督徒的主要任務（它牽涉大誡命和大使命）。在這裏，我們會從終末的角度討論地上的關係。

首先，婚姻是地上的制度，它帶給我們在地上的好處。它不是永恆的實在（reality），正如羅馬書七章或哥林多前書七章清楚表明的那樣。第二，同樣明顯的是，耶穌**確實**在不同時間呼召門徒離開家人，去實行更重要的任務。事實上，彼得曾經抱怨這點，問耶穌他的犧牲在國度中會得到甚麼賞賜（可十 28 ～ 31）。保羅說，根據終末的情況，丈夫和妻子必須看到他們的關係在地上的短暫性，用他的話說，是「要像沒有」般生活。

在這些情況下，我們必須說，使別人作門徒的呼召，有時實際上會取代成為好父母或配偶的呼召。正如早期的猶太人說，帶人到這個世界是好事，但帶他們到將來的世界是更好的事。事實上，在各方面來說，這是更重要的事。如果一個人長壽健康，賺得全世界，卻賠上靈魂，有甚麼好處呢？最終，這些好處會終結。大使命沒有說：「去使萬民結婚」，而是說：「使萬民作門徒」。如果容許家庭的優先次序超越國度，便存在著將家庭變成偶像的危險。

## 並非所有任務都是召命，並非所有受薪工作都是呼召

就算是生命中必須完成的任務，也並非總是或必然是召命。舉例來說，每個人都需要花時間進食。這肯定是任務，甚至是好的任務，但我們永遠不應該視它為召命！我們所做的一切，甚至是美好和必要的事情，並非全都應該被視為呼召、召命、個人的工作。

正如我已經提到，這也可以延伸到不同形式的受薪工作。例如毒販或妓女可能努力工作，賺很多錢，但這些「工作」不是上帝賜予的召命或呼召。韋特提議了一個檢驗的問題：這工作能否表達我們對鄰舍的愛（我會加上對上帝的

愛）？如果答案是否定的話，它便不能成為個人生命中的召命或呼召。它可能是工作，甚至可能是艱難的工作，但如果它傷害鄰舍，破壞人們與上帝、家人和其他人的關係——更別說破壞人們與自己的關係——它便不是上帝要我們做的事情。

## 基督徒應該怎樣工作

韋特討論我們應該**怎樣**接受我們的任務、我們生命中的召命、我們應該成為怎樣的工作者時，他的論點對我們更有幫助。他寫道：

> 基督徒木匠、演員或音樂家，與非基督徒木匠、演員或音樂家並沒有甚麼不同。基督徒和非基督徒工廠工人、農夫、律師、銀行家，都在做相同的事情。或許基督徒特別誠實或道德，但非基督徒工人的行為也可能是誠實和道德的。記住，上帝也在非基督徒工作者不知情的情況下，把他們放在屬於他們的位置上，使用他們。[18]

不過，我們沒有基督徒做事的獨特且正確的方式，因為「正確」和「真實」已經深入實在（reality）的每個角落，包括人類的實在。所有人都按著上帝的形象受造，因此所有人都對「對與錯」有點認識（參羅一～二章），他們知道誠實和正直是甚麼。當然，在墮落的世界，並非每個人都特別關注誠實和正直，因此如果某個基督徒工作特別出色，追求卓越，努力工作，作正直誠實的人，他有可能出類拔萃，因為其他人並不愛上帝和鄰舍，不追求取悅上帝和鄰舍。

但在我們的工作中，取悅上帝是一回事，令上帝刮目相看卻是另一回事。韋特這樣說：

> 財富、財產、地位、所有關於聲望的標記，對上帝毫無意義，祂喜歡升高卑賤的人，令富人空手而回（路一52～53）……在理解召命時，最重要記住：上帝不像世界那樣運作，祂可能呼召我們去做世界和我們認為「配不上我們」的工作，那工作不像我們盼望的有趣和重要。[19]

在聖經中，上帝呼召基督徒做事，而不是好管閒事。因此保羅向帖撒羅尼迦人說：「又要立志作安靜人，辦自己的事，親手做工，正如我們從前所吩咐你們的，叫你們可以向外人行事端正，自己也就沒有甚麼缺乏了」（帖前四11～12）。基督徒對工作應持的看法是：盡忠職守，不好管閒事。正如這段經文和加拉太書六章都指出，工作的其中一個目標，是令我們可以供養自己和家人。基督徒不是蒙召倚靠家人或朋友，或政府。我們蒙召對社會作出貢獻，尤其是在可以自給自足時，不應不必要地耗用社會的緊急資源。當然，有時我們可能會失業，或因為受傷、患病等等而不能工作。但只要我們有能力，我們都要背負自己的擔子，在生命中背負自己的責任。留意上面的經文，保羅特別提到外人在留意我們。我們怎樣過活，包括怎樣工作，追求自己的召命，這一切都是一種見證。

## 倫理和召命

每個好行業都有倫理守則。醫生要遵從「希坡克拉底誓言」（Hippocratic Oath），這誓言規定他們致力於醫治，拯救生命。因此，施行墮胎的醫生違反這誓言。水喉匠可能沒有特定要持守的誓言，但他們仍然必須合乎倫理地工作，例如他們不能安裝明知品質不好的零件，或者誤導客人，誇大事情的嚴重性，藉以向他們收取更昂貴的費用。我們視這些職業為基督徒的呼召時，還要問另外一個問題：「我以這種方式做這工作，我是否在踐行愛鄰舍的誡命？」

韋特說某些行為只在某些行業內進行才合乎倫理，甚至合法，這也是對的。例如外科醫生有權剖開我的身體，而他們這樣做是在拯救我的生命。[20]另一方面，幾乎沒有其他人有權剖開我的身體——甚至是受過其他訓練的醫生。同樣，只有法官有權判人坐牢，只有教師有權判斷學生合格或不合格。換句話說，擁有這些權力和權威的，是某一種職位；而身處這職位的人，並不擁有個人權利、權力或權威。[21]我們有時在社會中談及「執行私刑」，實際上這是將立法者或執法者的召命放在自己手中，這不單不合法，也不合乎倫理。

當然，基督徒對某些任務能否稱為基督徒的呼召，持不同意見，這完全是合理的。例如軍人這種職業。歷代以來，很多基督徒都相信成為軍人是合宜的基督徒召命，或者可以是合宜的基督徒召命；但我認為，雖然基督徒可以成為隨軍牧師或軍醫，但他們不能成為軍人，因為這樣做等於將他的召命，置於「服從基督的命令」這個責任之上。基督呼召我們愛仇敵，為逼迫我們的人禱告，不要傷害別人，這實際上是說，當有人打我們的右臉，我們要將另一邊臉也轉過去讓他打，而不是以暴易暴。殺人總會違背愛鄰舍如同自己的誡命。我知道很多基督徒不這樣認為，但我感到安慰的是，很多思想這個課題的教父，都同意我的看法。例如特土良（Tertullian）在解釋馬太福音二十六章52節時寫道，主解除彼得的武裝，從而「解除每個軍人的武裝」。他總結說，因此基督徒必定不能打仗，「就連在和平中，也不能服兵役」（《論偶像崇拜》〔*On Idolatry*〕，XIX）。如果有倫理價值觀的等級，那麼當明確的基督徒價值觀和社會的價值觀有衝突時，前者應該佔優先位置。再者，任何牽涉到犯罪，或違背基督律法（the law of Christ）的職業，都不是基督徒應該投身的職業。我不認為基督徒應該成為軍人；我也不認為基督徒應該從事賭博或煙草業。

韋特從召命這個觀念出發，思想基督徒實際應該嘗試投身甚麼任務，我認為這是有幫助的。舉例來説，當一個沒有修理電線的才能、訓練或技巧的人嘗試修理電線，結果可以是驚人的！韋特寫道，在他發現召命的教義前，他在家裏是修理先生，追求一種自足的感覺。但無可避免地，他會把事情弄糟。他説：「那是我發現召命的教義之前發生的事。我沒有得到那授權或裝備我處理電線的呼召。」[22] 這並非表示我們永遠都不應該嘗試新事物，但我們的生活應該圍繞並取決於自己的呼召、召命、才能。當然，我們的召命可以隨著時間而改變。一個人可以在初時是教師，後來成為作家。或者初時是牧師，後來成為水喉匠。我們要不斷聆聽上帝對我們的呼召和召命有甚麼話説，因為呼召和召命會隨著時間而改變。

## 每個基督徒的召命

就召命來説，**每個**基督徒都有基本的責任，要實行大誡命和大使命。這是「首要的工作」。除此以外，我們可能還有另外一些呼召——做醫生、律師、商人、牧者、父母等。但這些實際上是次要的呼召。身為按著基督的形象被再造（recreated）的人，我們主要的任務，是做基督來地上要做的工作——分享救恩、醫治、將來國度的好消息。要實現基本的任務，有多種方式，可以在不同地點和場合，也可以配合一些次要的呼召或任務，甚至藉著一些次要的呼召或任務來踐行。

和一些次要的召命不同，主要的召命在基督徒的生命中持續一生。我們無時無刻都被命令，要全心全意愛上帝和鄰舍，盡力實行大使命。這不單是牧者的任務，而且是所有信徒的任務。有些附屬或次要的召命可能是暫時的——教養孩子、打職業足球賽等。這些職業都有「期限」。不過，基督徒在特定的次要召命完成時，面對「我餘生應該做甚麼？」這個問題，不應該不知所措。他們知道，他們無時無刻都蒙召踐行大誡命和大使命——無論他們根據「第二事業」的次要呼召，還會做甚麼其他工作。基督徒永遠都不應感到自己的人生沒有目的或意義，即使他們原本的次要呼召或召命已經完成。

## 藝術長存，人生苦短：工作作為藝術，藝術作為工作

我想在結束這個關於「上帝呼召、恩賜、啟發我們做甚麼」的討論時，簡短地談談基督徒需要更好地思想的一個職業——藝術家或工匠的召命。我不會提出一套藝術神學，並討論它在基督教傳統中的價值和地位；但我想簡單地提出，作藝術家是榮耀上帝和造就別人的恰當方式。

但或許我們首先需要就「上帝是藝術家」說幾句話，我們只要看看受造界那驚人的美麗便明白這點；但上帝不單是視覺藝術家，正如班克斯指出，上帝也是音樂的啟發者和創造者。[23]例如上帝在申命記三十一章19節告訴以色列的領袖：「現在你要寫一篇歌，教導以色列人。」事實上，列王紀

上四章29、32節將上帝賜給某人言語智慧和上帝啟發人創作詩歌連繫起來：「上帝賜給所羅門極大的智慧聰明……他作箴言三千句，詩歌一千零五首。」後面這句中的具體數目顯示，就所羅門得到啟發、獲賜歌詞這件事，有人特別計算過次數。

不過，上帝不單坐在天上啟發世人。上帝也是藍調歌手。因此，在耶利米書四十八章31至36節，我們聽到：「因此，我要為摩押哀號……我心腹為摩押哀鳴如簫。」祂也歌唱快樂的聖詩和民謠：「耶和華——你的上帝是施行拯救、大有能力的主。他在你中間必因你歡欣喜樂，默然愛你，且因你喜樂而歡呼」(番三17)。上帝既在早晨歌唱，也在晚間歌唱：「白晝永恆主吩咐他的堅愛；夜間有頌歌與我同在」(詩四十二8；《呂振中譯本》)。難怪我們對上帝的自然回應是創作各種音樂讚美祂，因為上帝體現和分享了各種音樂。

班克斯這樣說：

> 愛不單指向上帝或由上帝表達，因為正如使徒約翰說，上帝是愛；上帝不單啟發和享受音樂，祂也是音樂和歌曲。這令上帝成為音樂的至高典範，以及至高的作者和聽眾。這令上帝成為音樂的主要對象，因此「為了上帝的榮耀」製作音樂是那麼合宜。那只是將上帝首先賜下的回獻給上帝。那只是在確

> 認，生命的音樂面向，就像宇宙的井然有序，最終源自上帝喜愛音樂的性情。最終，我們製作音樂，不單因為上帝給我們能力這樣做，或欣賞我們這樣做，也因為上帝本身就喜愛音樂。[24]

問題是，我們活在十分講究實用的文化中。當代西方很多人都相信，如果某些東西沒有明確而功利的用途，我們至少應該視那東西為多餘的，而且肯定是可有可無的。這種實用的傾向可以在美國人常用的語句中看到。但我想指出，我們可以做的其中一些最重要的工作，是那些能夠令人變得更好，啟發人思考真、善、美之間的關係，推動人做得更好以榮耀上帝的工作，而在這所有範疇中，藝術都符合要求。

有一句古老的拉丁語格言說：*ars longa, vita brevis*，即「藝術長存，人生苦短。」林布蘭（Rembrandt）已躺在墳墓中，但他的巨型畫作《浪子回頭》（*The Return of the Prodigal Son*）仍然充滿生命力、完好無缺，懸掛在聖彼得堡（St. Petersburg）愛爾米塔什博物館（Hermitage Museum）的大牆上，今天繼續向我們說話。我花了好幾小時坐在這幅巨型畫作面前，思想它的意義、觀點、細緻之處。林布蘭的藝術繼續存活，為他說話，也向我們說話。偉大的藝術繼續啟發和推動我們，令我們變得有創意，畢竟，富創意是上帝最初給亞當的其中一個命令。

可惜，在一個充斥著工作狂的文化，人們過於強調數學及科學，以致忽略了藝術，將藝術視為額外而不是必要的東西。例如人們不視繪畫為真正的職業，除非是替房屋上油漆，增加房屋的價值！但箴言提醒我們，沒有異象，民就放肆；他們的靈魂枯萎。人類按著上帝的形象受造，蒙召成為創造者、製造者、工匠，而不單是任何任務的執行者，等待別人給予報酬。

在美國，藝術和語言（接觸其他文化的工具）以前並沒有被視為非必要。我在小學三年級開始在樂團演奏，在小學學西班牙語，在初中學拉丁語，我們一直都學習藝術。但現在已經不是這樣了。我們現在有以數學和科學為名的中學，彷彿其他科目明顯沒那麼重要！事實上，文化的整個態度都改變了，我們由尋求真理的人，變成尋求工作的人。在一個個面試中，大學新生都解釋他們修讀這個或那個課程，主修這科或那科，以便畢業時可以找到一份高薪的工作。這種實用主義的代價是，我們可能賺到全世界，卻賠上自己的靈魂。

我喜歡去聖地，看一些早年完成的偉大創作。例如伯拉克西特列斯（Praxiteles）創作的完美無瑕的雕塑總是感動我。我問自己：歷代以來，我們怎麼失去了那麼多藝術上不可思議的技巧？今天有誰可以創作出米開．朗基羅（Michelangelo）的《聖殤》（*Pietà*）？有時當我擔心我們的世界失去工藝技巧和藝術創作，比撒列和亞何利亞伯的故事令我感到安慰。如果你以前從未聽過這兩個名字，那可能是因為沒有人告訴你——作藝術家或工匠，是聖經中的呼召或召命。這故事記載在出埃及記三十一章1至11節：

> 耶和華曉諭摩西說：「看哪，猶大支派中，户珥的孫子、烏利的兒子比撒列，我已經題他的名召他。我也以我的靈充滿了他，使他有智慧，有聰明，有知識，能做各樣的工，能想出巧工，用金、銀、銅製造各物，又能刻寶石，可以鑲嵌，能雕刻木頭，能做各樣的工。我分派但支派中、亞希撒抹的兒子亞何利亞伯與他同工。凡心裏有智慧的，我更使他們有智慧，能做我一切所吩咐的，就是會幕和法櫃，並其上的施恩座，與會幕中一切的器具，桌子和桌子的器具，精金的燈臺和燈臺的一切器具並香壇，燔祭壇和壇的一切器具，並洗濯盆與盆座，精工做的禮服，和祭司亞倫並他兒子用以供祭司職分的聖衣，膏油和為聖所用馨香的香料。他們都要照我一切所吩咐的去做。」

比撒列蒙召接受藝術家和工匠的召命，我們要留意上帝怎樣裝備他。上帝以自己的靈充滿他，不單給他能力，也給他智慧；不單給他智慧，也給他所需的知識；不單給他知識，也給他「所有手藝」。聖經這樣描述他的召命：「能想出巧工，用金、銀、銅製造各物，又能刻寶石，可以鑲嵌，能雕刻木頭，」如果這還不夠，「能做各樣的工。」這是一位多才多藝的藝術家和工匠，他那個時代的米開・朗基羅！但比撒列不是蒙召運用他的工藝和知識隨便做任何事情；他獲委派造會幕、約櫃，包括施恩座，亦即贖罪蓋（atonement cover），以及會幕所有設備：金燈臺、香壇、洗濯盆和所有用具，還有祭司——包括亞倫和他兒子——穿的聖衣。啊，他也要為會幕製造膏油和香料。完成這最後的工作命令後，我想像比撒列說：「噢！太好了！」他有幸興建和佈置上帝的居所。而且我們要留意上帝不鼓勵他使用廉價的材料，或者購買現成的拖車式活動房屋作為會幕。不，上帝呼召他使用最珍貴的金屬和材料來榮耀祂。

正如韋特指出，比撒列是聖經中第一個被上帝的靈充滿的人。聖經告訴我們，他得到靈感、啟蒙、能力，成為藝術家！這帶出重要的一點。有時基督徒，特別是那些節儉的基督徒，他們以為製造精巧、美麗的價值連城的藝術品，就算不是浪費金錢，至少也不是好管家應做的事，甚至是有罪的。但上述這個故事顯明的事實剛好相反。信徒應該將最好的獻給上帝。事實上，製造美麗的藝術品，或興建美麗的建築物來榮耀上帝，並不是罪，這正是這個故事中發生的事。工作的故事始於一個名叫亞當的園丁，但聖經中第一個得到「啟發」的工人，是藝術家兼工匠，我們要好好思想這當中的含義。或許創意，包括藝術，是上帝的形象（the image of God）能夠反映創造主自己的一種典型方式（the quintessential way）？

德國的偉大詩人席勒（Friedrich Schiller）曾經說過，通往自由的路經過美。美和自由之間是有連繫的。最近我去佛蒙特拉特蘭（Rutland）的諾曼羅克韋爾博物館（Norman Rockwell museum）參觀，看裏面其中一幅最著名的畫作。畫面上是美國一個大城市的一所哥德式大教堂的入口，那或許是羅克韋爾的家鄉紐約。大教堂其中一個工人站在梯上，更換大門口上面的告示牌，告示牌上宣佈該星期的講道題目：「抬起你的頭。」但下面街道上的行人全都垂著頭，趕著去上班。

這生動地比喻了工作狂文化——人們沒有時間或意識抬頭看看上帝和祂的受造物所創造的事物的美！我不能代表別人說話，但好的藝術確實提升我對世界現在怎樣、可以怎樣所持的異象。這些藝術給我盼望，相信人類可以靠著他們本性中的善而活，而不是受惡驅使——只要他們被恩典轉化。或許，如果我們在藝術中瞥見一些更美好的東西，一些比我們現時想得到的更偉大的東西，美學對我們會有道德方面的影響。席勒至少在一個意義上是對的：當我們被基督的美全然吸引，我們即得到轉化、變得自由。保羅這樣說：「我們眾人既然敞著臉得以看見主的榮光，好像從鏡子裏返照，就變成主的形狀，榮上加榮，如同從主的靈變成的」（林後三 18）。我們抬眼仰望，看到真正的美時，某種意義上我們變成自己所羨慕的；我們變成基督——偉大的工匠、人類性格的雕刻家——的作品。如果聖子已令你自由，成為藝術品，成為你最好的自己，你便真的自由了。

# 3

# 世上無所事事的人和懶惰人，團結！

就個人來說，我並不反對工作，特別是人們默默無聞地工作。我只是不認為它是「倫理」的討論範疇。

**埃倫賴希**（Barbara Ehrenreich）

偉人到達和守著的高度
不是突然飛翔便到達的，
而是他們在同伴睡覺時，
在晚上艱苦地向上爬。

**朗費羅**（Henry Wadsworth Longfellow）

或許你還記得一九九八年由高安兄弟（Coen Brothers）執導的電影《大保齡離奇綁架》（*The Big Lebowski*）。電影主角「花花公子」（the Dude）由傑夫．布里吉（Jeff Bridges）飾演。他是一個中年癮君子，居住在洛杉磯，盡一切努力逃避工作。「花花公子」是典型無所事事的人。電影票房慘敗，但後來卻大受歡迎，以致《滾石雜誌》（*Rolling Stone*）稱它為一九九〇年代最受推崇的喜劇，一些擁躉聲稱這部電影「改變了（他們的）生命。」[1]此話怎講？格林（Andy Green）為《滾石雜誌》寫了一篇關於《大保齡離奇綁架》的文章，他提出一個理論：

> 在《大保齡離奇綁架》的開頭，敘述者（一個叫「陌生人」的牛仔，由埃利奧特〔Sam Elliott〕飾演）慢慢道出：「有時，有一個人，唔，他代表了他那個時代和地方的人。」奇怪的事實是，這個人——花花公子——可能比他的時代走前了十年。今天，科技愈來愈將我們綁到日程和約會上——你讀這篇文章的時間，已經錯過了三個電郵——但一個四十多歲的人，躺在浴缸裏，吸毒、聽鯨魚歌曲（whale songs）的錄音帶，就這樣揮霍掉一個黃昏，這帶給人慰藉。他不是二十一世紀的人。他不是鐵甲奇俠，也肯定不是蝙蝠俠。花花公子不在乎工作、薪金、退休計劃，肯定也不在乎 iPhone。花花公子只是**存**

> **在**，而他是快樂的。
>
> 霍夫曼（Philip Seymour Hoffman）飾演富有的勒布斯基（Lebowski）那個阿諛奉承的個人助理勃蘭特（Brandt），他總結說：「《大保齡離奇綁架》中有自由，花花公子持守這自由，我想這是人們真正渴求的東西，就是能夠像那樣生活。你應該知道為甚麼年青人喜歡那樣。」[2]

很多美國人似乎在花花公子放棄工作而又能維持快樂的生活方式中，找到一些值得羨慕的東西。《大保齡離奇綁架》帶給大家的信息是：漫不經心，追求刺激，變得快樂。你在社會中不需要有貢獻，也不需要以任何有意義的方式參與工作。你可以藉著無限地自我沉溺和自戀，將世界擋在外面而變得快樂。

不過，雖然花花公子有可能成為一種流行文化的英雄，但我不科學的猜測是，無所事事的人在我們的社會中，不如懶惰人那麼普遍。我在這裏想到的，是那些在工作和生命其他方面只是敷衍了事的人，那種每天都工作，但希望贏得獎券，以便不勞而獲的人。當我們羨慕那些坐享其成或者完全放棄爭取成果，在自娛中找到滿足的人，我們多麼遠離聖經的工作倫理！這種生命異象和聖本篤（St. Benedict）那樣的人的生命異象多麼不同！

本篤是中世紀的修士，他沒有時間懶惰或懶散。他相信誠實、勤勞地工作，是對抗邪惡的預防劑。他篤信古老的格言：遊手好閒，為非作歹。他是這樣說的：「無所事事是靈魂的敵人。因此弟兄的時間應該花在體力勞動或神聖閱讀（holy reading）上。」[3]這種工作（或研究）和禱告的節奏，成為本篤會的口號：*ora et labora*（禱告和工作）。這套做法背後的理念是：艱苦的工作會除去內心的慾望，或至少令內心和身體都很充實，以致疲倦得不會分心。要留意的是，如果單獨一人而無所事事，就連基督徒也會受制於內心的慾望。「太少事做或太少閱讀時，我們的靈魂便有危險。」[4]本篤不是默觀修士（contemplative monk）；事實上，他厭倦太常默觀。

這個理論有些道理。太多空閒時間無疑會令人感到沉悶，思想游離，以至帶來麻煩和罪。約翰．衛斯理（John Wesley）是那麼相信這真理，以致他四十四篇標準講章（Standard Sermons）其中一篇的題目是「論游離的思想」（On Wandering Thoughts），他在其中提出的建議，和聖本篤的理念十分相似。難怪衛斯理在晚年感到孤單，發覺大部分他所愛的人都已經去世時，他經常祈求：「主啊，不要讓我無用地活著。」懶惰與休息不同。休息是聖經命令我們要遵守的，懶惰卻不是。懶惰是一種對工作的態度，隨之而來的是一種行為模式，令人逃避工作——有時不惜任何代價。因此，讓我們看看箴言對「無所事事的人」，懶惰的人有甚麼話說吧。

## 論懶人（不是樹懶）

或許你記得這個人。他是你中學接力隊的隊友，卻從來都不努力跑，即使他可以跑得很快。或者她是你數學隊的隊友，精於數學，但在比賽進行得如火如荼時卻拒絕嘗試，雖然她明顯知道答案。我想到我在夏洛特市（Charlotte）園藝小組夏季工作隊中那個人。他來工作時已喝醉酒，要其他成員代替他在公園、墳場、安全島等地方剪草。我們在華氏九十五度的高溫下汗流浹背時，他坐在樹蔭下，然後在最後三十分鐘剪剪草，因為他知道大老闆會在我們完成工作時來接我們。我們都遇過這樣的人；事實上，我們大部分人都以某種形式與這種人合作過。

或許你也知道著名的七種致命的罪——就是那些在教會很早期開始，便被視為特別嚴重的罪：色慾（*luxuria*）、暴食（*gula*）、貪婪（*avaritia*）、懶惰（*acedia*）、暴怒（*ira*）、妒忌（*invidia*）、傲慢（*superbia*）。這張清單最遲在大貴格利（Gregory the Great；約公元五九〇年）的時代已經流傳，而懶惰剛好在清單的中間位置。誰會認為懶惰是嚴重的罪？唔，箴言的作者肯定這樣認為。事實上，這張清單部分是根據像箴言六章16至19節這些經文列出的。不過，有趣的是，拉丁語 *acedia* 原本指不必要的憂鬱或憂愁。大約在宗教改革時期，人們開始傾向認為它是指懶惰，即熱誠、勤奮或樂意從事艱難的工作的反面。我們可以在本仁．約翰（John Bunyan）一六七八年的經典著作《天路歷程》

（*Pilgrim's Progress*）中看到這點。他的主角基督徒要去天上之城（Celestial City），在途中遇到這樣的事：

> 接著我在夢中看見（基督徒）一直走，直到到達一處低地，在那裏，他看見三個戴著腳鐐的男人在路旁睡著了。他們的名字是天真、懶散、傲慢。
>
> 基督徒看見他們這樣躺著，於是走到他們那裏，猜想著也許可以叫醒他們，他向他們呼喊說：「你們就像睡在桅杆上的人，因為死海在你們下面——這個深淵是無底的（箴言二十三章34節）。因此，醒來吧，走吧；我樂意幫助你們除去那些鐵鐐。」他也告訴他們：「魔鬼像哮叫的獅子那樣遊走（彼得前書五章8節），當牠來到，你們肯定會變成牠的獵物。」接著，他們看著他，開始回答。天真說：「我看不見危險」；懶散說：「我還要睡一會」；傲慢說：「每個人都要自立；你還想要甚麼答案？」於是他們再次躺下來睡覺，基督徒只好繼續上路。

所謂的清教徒工作倫理在像《天路歷程》這樣的作品中成形，這些作品對當時的新教，以及現今的新教，都有巨大影響。當工業革命在十八、十九世紀興起時，本仁．約翰的寓言變成經典，這並非偶然。當然，將新教連繫到資本主義的興起的，也包括其他不同的經濟理論。然而，只有被扭曲了的清教徒工作倫理，才會導致工業資本主義，因為真正的清教徒倫理強調萬物都屬於上帝，因此信徒的工作是從事美好、誠實的勞動，作上帝資源的管家，這種進路會引致捨己的施予，而不是迅速地賺大錢。但我離題了。我們必須思想懶惰這個主題。

古代的智慧文學往往特寫典型人物——愚蠢人相對於智慧人，懶惰人相對於勤奮的人。箴言對懶惰人的描述有時是滑稽的，例如箴言二十六章13至15節：「懶惰人說：『道上有猛獅，街上有壯獅。』門在樞紐轉動，懶惰人在牀上也是如此。懶惰人放手在盤子裏，就是向口撤回也以為勞乏。懶惰人看自己比七個善於應對的人更有智慧。」

這個描述是頗為幽默的：懶惰人找藉口，不工作，他認為自己比其他人聰明，但只是自欺欺人。

事實上，正如箴言六章6至11節清楚表明，這個人不預先計劃，因此只會落得貧窮的下場。他就像《大保齡離奇綁架》的花花公子那樣，只為了此刻而活，以致箴言說他需要向螞蟻學習，後者至少懂得儲存東西，預備迎接冬天。可惜，「懶惰人因冬寒不肯耕種，到收割的時候，他必討飯而無所得」（箴二十4）。他不單是因循的人，更是不惜任何代價逃避辛勞工作的人，因此箴言十二章27節將他與勤奮、有遠見的人作對比。

毫不令人驚訝的是，箴言中懶惰人的特點躍然紙上。看看以下例子：

懶惰人叫差他的人
　如醋倒牙，如煙薰目。

十26

做工懈怠的，
　與浪費人為弟兄。

十八9

懶惰使人沉睡；
　懈怠的人必受飢餓。

十九15

不要貪睡，免致貧窮；
　眼要睜開，你就吃飽。

二十13

懶惰人的心願將他殺害，
　因為他手不肯做工。
有終日貪得無饜的；
　義人施捨而不吝惜。

二十一25～26

懶惰人不單走最少阻力的路，他們走最不費力的路。他的生命一味逃避——避免需要苦幹或具挑戰性的事情。他似乎只回應來自監工或管工施加的壓力或痛苦。

基德納（Derek Kidner）就懶惰人的性格特徵提供一個很好的總結，值得詳細引述：

> 箴言中的懶惰人是悲喜劇人物（figure of tragi-comedy），他有一種純動物式的懶惰（他不單黏在牀上，更是鉤在牀上；二十六 14）、找荒謬的藉口（「外頭有獅子！」；二十六 13，二十二 13），最終陷入無助。
>
> 一、他不會開始做任何事情。當我們問他（六 9、10）：「多久……？」「甚麼時候……？」，對他來說，這太明確了。他不知道。他知道的只是他甜美的打盹；他要求的只是稍為延遲、休息：「稍為……稍為……稍為……」他並不拒絕，而是以自己的放棄無傷大雅來欺騙自己。因此，一點一滴地，他的機會便溜走了。
>
> 二、他不會完成事情。開始時那股罕見的勁兒已費了不少力氣；那衝動消失了。因此他的獵物反過來追他（十二 27），他的食物變冷（十九 24，二十六 15）。
>
> 三、他不會面對事情。他相信自己的藉口（或

許外頭有獅子；二十二13），將自己的懶惰合理化；因為他「看自己比七個善於應對的人更有智慧」（二十六16）。因為他習慣作容易的選擇（他「因冬寒不肯耕種」；二十4），他的品格和他的事務同樣受損，因此十五章19節暗示他基本上是不誠實的……

四、最終他因為不能滿足慾望而**不安**（十三4，二十一25、26）；面對棘手得像「荊棘的籬笆」（十五19）的事務，他變得**無助**；對任何聘用他的人，他都變得無用——浪費錢（十八9）和令人惱怒（十26）……

只要有時間，聰明人都會學習。他知道懶惰人並不是奇怪的人，他們往往是有著太多藉口，太常拒絕、太常拖延的普通人。這一切就像睡著一樣，令人難以察覺、感覺良好。[5]

補充這一點是重要的：懶惰人不是不能幹的人，而是找藉口的人。對他來說，生命中最重要的事是放鬆。在這方面，他肯定像花花公子。懶惰人沒有計劃實現任何事情。生命實在太費力、太艱難、太可怕。[6]

舊約另一卷智慧書——傳道書——提供的工作畫面，是有點不同的。傳道書的作者看不見生命有明顯的目的，因此沒有理由不把握光陰，享受生命。他指出，工作和報酬之間，或公義和報酬之間，似乎並不是成正比的。

雖然傳道書的作者對懶惰人沒有耐性，但他也看到，工作對我們的貢獻是有限制的。「在你一生虛空的年日，就是上帝賜你在日光之下虛空的年日，當同你所愛的妻，快活度日，因為那是你生前在日光之下勞碌的事上所得的分。凡你手所當做的事要盡力去做；因為在你所必去的陰間沒有工作，沒有謀算，沒有知識，也沒有智慧」(傳九 9～10)。這是十分宿命的觀點，與箴言那種積極的觀點不同。傳道書不認為工作是有目的的。或許這卷書太清楚，努力工作不一定能帶來繁榮或財富。對基督徒來說，新約相對於傳道書，以及舊約其他關乎工作和財富的經文，多了一層重要的國度背景。[7]不過，這卷書中也有真理，正如賴肯(Leland Ryken)寫道：「如果生命只在地上(「日光之下」)活出，工作是極重的勞苦，『虛空』和空洞，只是捕風。」[8]

關於聖經對懶惰和懶散的批評，當中令我驚訝的是，它不單假設辛勞的工作是常規，它也假設辛勞的工作是好事，是為家人和自己的將來作好打算。從這個角度看，工作本身是具前瞻性的。當然，舊約智者的異象，並不包括新約對工作的終末式認可(eschatological sanction)——我們工作，是因為萬物的終局近了，在最後審判時要為自己肉身的行為負責，即使我們是基督徒(參林後五 10)。在新約，我們根據將來的國度來到地上時，會全面呈現的價值觀來工作。

## 匿名的工作狂

與懶惰人相反，沒有在聖經出現過的人物呢？例如工作狂？認為「日常工作一定不會妨礙基督徒生活，而且是其必要的元素」，生命中只有工作，基本上沒有其他事做的人呢？[9]美國文化有各種戒癮小組：暴飲暴食、酗酒，是的，還有工作上癮。工作狂之所以會出現有幾個成因：他們可能只是喜歡自己的工作；或者感到自己在工作中成就不夠；又或者對自己的家庭生活不滿；有些人純粹因為是按時支薪，想多賺點錢。

不過，基督徒卻沒有甚麼藉口對工作上癮，因為聖經告訴我們，工作和休息的週期，是上帝根據人類生存的模式和構造設計的，甚至一星期的安排方式也是這樣設計的。休息、安息都是好事。（當然，在我從事的行業，安息假與聖經的命令不同，因為校方期望教師或學者有**富生產力的**安息假，通常是完成一個或以上寫作計劃。這絕對不是休息，甚至不是為了充電。它最多只是讓你有時間專注於一個而不是十個任務。）

即使我們只把休息當作充電或令自己重拾活力的機會，以便恢復工作時更有效率，做得更好，事實是，我們每天都需要休息。有人連續工作十八小時，這樣的人很可能會很快精疲力竭。精疲力竭是聖經不怎麼討論的課題，雖然它肯定是今天教會和文化一個常見的問題。不過，對基督徒來說（或許特別是神職人員），精疲力竭不單是身體或情感方面的問題，也是靈性方面的問題。

按著上帝的形象受造，並按著基督的形象重新受造的人，需要時間禱告、默想、與上帝溝通，這些都不是其平常召命（normal vocation）的一部分。當然，因工作各異，休息也有不同面貌。對像我這樣的人來說，休息表示不教書、不開委員會會議、不做學生的導師，這些都是我工作涉及的事情。對教會牧者來說，休息表示不預備講章、不做牧養輔導、不到醫院探訪。

福音書其中一個最不可思議的弔詭是，當耶穌滿有智慧地言說（太十一 29～30；比較《便西拉智訓》〔*Sirach*〕六 19～31），祂既談及給我們休息，也談及輕省的擔子和容易的軛！背著沉重的擔子，疲態盡現，這是墮落的後果，是人工作時所經驗到的經典狀態；這種狀態，和耶穌輕省的擔子和容易的軛，形成強烈的對比。但我們要留意耶穌沒有說甚麼。祂沒有說一個人成為祂的追隨者後，便沒有擔子，不必負軛。事實上，耶穌對門徒的要求，就工作來說，也是相當高的。有人說，到耶穌那裏不需任何代價（新生是恩賜），但跟隨祂，卻要付上一切。作為格言，這句話道出了真理。

但為甚麼背負耶穌的擔子和軛是輕省和容易的？是因為我們知道自己在為主工作，並與主一起工作，因此得到滿足嗎？這可能是部分原因。如果我們相信背負擔子是為了一個最終的美好理想，那麼任何擔子都是可以忍受的。但我懷疑還有其他原因。我認為耶穌邀請我們成為祂真正的同伴。

（保羅在腓立比書四章 3 節稱一個牧者為他真正的同伴，又在哥林多後書六章 14 節至七章 1 節警告眾人，他們與不信的人不相配，不能同負一軛時，上述描述輕省的擔子和容易的軛的經文，可能是保羅的觀念背後的來源。哥林多後書那段話並不特別針對婚姻，雖然人們往往這樣解讀。那段話是關於偶像崇拜，在屬靈上與不信的人同負一軛，是不恰當的。）

我的意思是，我認為耶穌心中想到的是，我們分擔祂的軛和擔子，這當然也表示祂分擔我們的軛和擔子。我們做基督的工作時，祂分擔我們的軛——或者更好的說法是，這軛是祂邀請我們時，我們負上的軛！這令擔子變得輕省，可以容忍。事實上，在背負擔子時，我們可以經驗到安息，只有耶穌可以給予的安息及平安，這帶來平靜的滿足和信心，知道自己在做正確和美好的事情，也有內心的平安，以及很多其他更新的好處。

基督徒治療工作上癮的方法有幾個元素。首先，我們必須悔改，明白整個軛並非落在我們肩上。身為基督徒，我們是分擔重擔的，而不是背負重擔的人。第二，我們必須明白，我們需要花時間休息和安息，才能夠把我們主要的召命做得更好。很多牧者精疲力盡的其中一個原因，是他們沒有花時間休息。在休息中，主使他們的靈魂蘇醒。第三，我們需要明白，我們的工作有目標和目的，也就是國度的目的，因此我們不是獨自承擔這個目的，而是與基督的整個身體一起承擔。我們接受我們的任務時，應該知道我們有來自上帝的應許，那任務會恰當地實現。

畢竟，那最終是主的工作、主的事奉、主的任務，祂使萬事互相效力，帶來益處。耶穌，最終的亞特力士（ultimate Atlas）已經在十字架上背負了世界的重擔，並透過復活克勝了它，因此我們不需要感到這重擔壓在我們肩上。沒有擔子比死亡本身——一切美善、真實、美麗、富生命力的東西的敵人——更巨大沉重。而基督已經克勝死亡。從復活節的角度而言，工作應該是賜予生命，而不是帶來死亡。

總而言之，工作是美好的，也是屬於上帝的——如果我們在做美好和敬虔的工作。根據上帝的設計，我們原本就應該工作。對基督徒來說，工作必須根據將來的國度、上帝將來在地上的神聖拯救式統治（divine saving reign）進行，並以關乎那國度和統治的知識進行，那時祂的旨意在地上全面實現，正如在天上那樣。合乎國度觀的工作，讓人預覽將來的景象：天國降臨，基督回來，榮耀充滿我們的靈魂。工作涉及與基督分擔任務，分擔擔子。雖然我們不應該粗心大意，但我們可以心無掛慮，因為我們知道，服事主，不會是徒然或無用的。

身為基督徒，我們不應該仿效無所事事、懶惰或懶散的人，但同時，工作狂也不是我們的典範——基督才是我們的典範。如果創世記的故事說連上帝也「停止工作」，如果連耶穌也說，安息日是為人而設的，人不是為安息日而設的，那麼，置於懶惰和工作狂之間的，才是能結果子和忠心的僕人，才是能得到主讚賞的工人。

# 4

# 轉發呼召、召命的變化

我渴望成就偉大和高尚的任務，但我的主要責任，是完成卑微的任務，彷彿它們是偉大和高尚的。世界在轉動，不單由英雄的強大威力推動，也由每個誠實的工人微小的力量累積起來推動。

**海倫・凱勒**（Helen Keller）

我們靠我們得到的東西謀生，但我們靠我們付出的東西得到生命。

**丘吉爾**（Winston Churchill）

邁尼爾曾經説，聖經是「一本攝影冊，裏面隨處是勞動者的照片……一本由工作者而寫，關於工作者，為工作者而寫的書。」[1]然而，我們翻閱大部分聖經辭典，卻完全找不到關於工作的內容，這實在頗為令人震驚！彷佛聖經對這個課題沒有任何話説。啊，是的，關於律法的行為有很多討論，通常以負面的語氣，而且是在討論保羅書信，或在辯論保羅和雅各關於信心與行為的課題時提出。除此以外，對工作本身卻普遍沉默以對，特別是對工作作為呼召或召命的討論。因此，我們有必要檢視一些與這個課題更密切相關的聖經內容。我們已經介紹了這個課題，但它值得我們更仔細的探討。

出埃及記三章記載的摩西在燃燒的荊棘面前這個故事，為我們研究工作，提供了豐富的含義。那是經典的呼召敍事，但如果我們仔細檢視它，我們會看到，它也是第一個為人熟知的轉發呼召（call forwarding）的故事。也就是説，摩西實際上向上帝説：「主，我在這裏——但請祢找別人吧！」摩西用普遍的藉口試圖逃避呼召。他貶低自己（「我是誰，竟然可以去？」）；他告訴上帝，他的公共演説入門課不合格；他提醒上帝，這個使命可能會失敗，向自己的百姓説話那一部分已有可能失敗，更別提向法老進言了（「如果他們不相信我，或不聽從我，那怎麼辦？」）。最後，上帝似乎堅持要差派摩西時，摩西乾脆説：「請派別人去」（參四13），令上帝十分憤怒。這絕對不是回應上帝的呼召的典範；事實上，摩西有點像我們在上一章看到的那個箴言中的懶散人。摩西是誠實的，但面對上帝的提議，我們肯定有更合適的回應方式。不過聖經有很多這種呼召敘事。

我們也應該留意，這些敘事大部分都不是歸信的敘事，雖然有時兩者合而為一。但呼召與召命有甚麼不同？特別是當我們知道召命這詞來自拉丁語 *vocare*——呼召。答案很簡單。呼召始於上帝。召命是我們回應那呼召時發生的事情。召命是我們從事建基於呼召的工作。蒙召，得到裝備，甚至得到恩賜是一回事；回應是另一回事。我們應該留意，在明白我們受到呼召、裝備，得到恩賜去實現某一召命之前，不要執著於任何工作。這件事情是複雜的，而事實是，不同人有不同呼召，而種種不同的召命都能討主喜悅。

我讀過的其中一個最動人和非凡的蒙召敘事，是屬於泰勒的。泰勒到神學院讀書，但她說：「我對自己畢業後應該做甚麼茫無頭緒。我甚至不屬於任何教會。因此我開始求問上帝，我應該做甚麼？我在地上的特定目的是甚麼？我如何發現我獨有的召命？」[2]接著她講述自己如何尋找與上帝單獨相處的地方和態度，好讓她可以聽到答案，最後她爬到一個沒有人在的搖搖欲墜的殘舊火警逃生通道上。「有一天晚上，當我整個心都打開，聆聽上帝告訴我，我應該怎樣過自己的人生時，上帝說：『任何令你喜悅的事。』我說：『甚麼？』我緊接著再問：『這是甚麼答案？』我腦海中的聲音再次回答：『做任何令你喜悅的事，並屬於我。』」[3]最後這部分是重點。

你看，如果我們屬於主，我們便知道，那真正令我們喜悅的，是上帝放在我們心裏、祂為我們預備的。能夠令這樣的人——被精心模塑，思想得到更新、靈魂得到拯救、心裏專注於主的人——喜悅的事情，當然能夠討上帝喜悅。我們屬於上帝時，是上帝的僕人，就是順從上帝的旨意和美意的人。但我們要留意上帝怎樣尊重泰勒最真誠的追尋，祂怎樣令她知道，她無需感到受束縛。事實上，她可以做各種不同的上帝喜悅的工作。

泰勒總結說：「無論我決定以甚麼為生，重要的不是我**做甚麼**，而是我**怎樣做**。上帝有一個計劃，但我不知道細節。如果想過有意義的人生，我要自行參與那計劃。」[4] 有趣的是，泰勒繼續說：「當人們受薪做的工作，並不總令他們內心感到滿足，那麼他們似乎有必要看到另一個可能：我們的召命可能是做那些我們義務做的事情……當然有時你也可以將你愛做的事情變成你的工作——特別是當你可以過更簡樸的生活——但無償工作並非總是最理想的狀態。」[5]

正如我說過，每個人的呼召和召命都可能不同。對某些人來說，他們的職業、他們日常的工作，並不是他們的召命，不是主呼召他們做的主要事情。當然任何美好的職業，都可以，也應該以基督徒應有的態度進行，縱使你的雇主可能並不需要向那位呼召你的交帳。不過，這並非表示從事基督教的工作，總應該是無償的。耶穌和保羅都認為，工人應該得到報酬，包括牧者或宣教士。我想說的是，當上帝的呼召來到時，我們要接受，並密切聆聽祂的指示。

很多基督徒出於善意，嘗試構造一種美好的事奉，就像很多父親嘗試組裝孩子的第一部單車那樣——不留意明確的指示。無論一個人多麼有恩賜，那人都需要得到呼召，留心聆聽呼召的概要。因此，讓我們花點時間，看看耶穌的一個經典的比喻，這個比喻肯定關乎我們在上帝的葡萄園作好管家，也關乎上帝的回應——當祂面對我們怎樣使用祂賜給我們的天賦。

在現代英語中，「天賦」(talent)這詞有很多含義，它通常涉及一個人天生就擁有的能力。但在馬太福音二十五章 14 至 30 節的著名比喻，也就是這個英語單詞的來源，這個所謂關乎天賦的比喻中，這詞原本的意思是一個貨幣單位。在耶穌身處的時代，一個他連得(talent)是一大筆錢，即六千個得拿利(denarii)，這等於一個工人六千日的工資，大約是今天的一百萬美元！如果我們知道這點，便立即知道，即使那個人只得到一他連得，實際上也得到了主人給予的一大筆錢。但正如老傳道者巴特里克(George Buttrick)說，他連得這錢幣有兩面，一面刻著「能力」，另一面刻著「責任」。

耶穌在這個比喻中描述的情況在古代相當常見。一個富有的莊園主人遠遊在外，讓家裏的僕人替他管理財物。當然，每個人都知道主人會回來，要他們交代期間發生的事情。在以色列和其他地方，家裏的奴僕可以賺錢，他們實際上可以藉著好好管理主人的物業，從而賺得更多工資和獎金。因此，奴僕在主人不在時好好工作，對他們自己和主人雙方都有好處。

這個比喻的其中一個關鍵，出現在15節：主人「按著各人的才幹」給奴僕不同數目的他連得。因此，我們不應該誤會這裏的他連得指的是才幹（ability）；它是某人得到的要以自己的才幹來處理的任務。這裏要處理的真正問題，明顯是主人不在時，管家應負的職分。正如我們從第三個奴僕那裏得知，守住主人的財產，甚麼也不做，在當時並不是有效的理財方法。

這些僕人的性格和才幹明顯不同。分別得到五個他連得和兩個他連得的僕人立即去投資，但那個只有一個他連得的僕人卻不是這樣。他做人們通常在經濟衰退時會做的事情——不信任放債的人，在地上挖一個洞，將得到的錢埋在那裏。其實這在古代是頗為常見的做法：居住在聖殿附近的人，通常將他們的貴重物品存放在聖殿的金庫，但那些不住在聖殿附近的人，則會為了安全理由將貴重物品埋在地裏。在現代，這也不是罕見的做法。在大蕭條時，銀行都出問題，我祖母將錢放在牀尾的嫁妝箱內。但這個比喻的重點是，上帝不希望我們將祂給我們的東西存起來！祂希望我們為了國度的目的使用它。祂期望我們勤勞努力。

這個比喻中的主人期望所有僕人都將金錢拿去投資，踏出信心的一步，用金錢做一些事情。關於這樣的投資，賺一倍是不錯的正常回報，而只交出原來的一他連得，是被視為完全失敗的，完全不符合主人的期望。這種行為是不能被原諒的，僕人的藉口也軟弱無力——他知道主人是苛刻的人，於是在掌管這一他連得時，他就像懶惰人一樣，害怕連僅有的一他連得也失去，多於對可能得到的東西感到興奮。

我們現在看看 19 至 23 節關於好管家的報酬的內容。對投資得宜的人的報酬，是管理更多工作、更多投資！主人知道五他連得變成十他連得後，他的稱讚是慷慨的：「好，你這又良善又忠心的僕人，你在不多的事上有忠心，我要把許多事派你管理；可以進來享受你主人的快樂。」把工作做好的報酬是得到更多工作。但我們必須緊記，雖然這裏提到的，可以是任何好的工作，但重點是怎樣工作和為誰做——在這裏是做得好和為主人做。留意主人對「將兩他連得倍增的僕人」的稱讚，與對「將五他連得倍增的僕人」的稱讚是完全一樣的。這裏的重點不是誰賺最多錢，而是我們怎樣處置自己擁有的。我們也要留意，故事的結局也涉及主人的快樂，僕人應邀分享這快樂。當我們好好完成自己的工作，榮耀上帝，服事祂，為祂的旨意努力時，祂便感到喜悅。

留意 24 至 25 節中那個當初得到一他連得的僕人，祂的回應多麼不同。他沒有說他怎樣處置那一他連得，只將原來的一他連得交還給主人，並開始描述主人性格的缺點！這不是贏得朋友和影響別人的方法，更別説上帝了。僕人描述主人「沒有種的地方要收割，沒有散的地方要聚斂」。簡單來説，他不單將主人描述為機會主義者，更是強盜資本家。因此，得到最少他連得的僕人這樣簡短作結：「請看，你的原銀子在這裏。」我們立刻看到幾點。首先，記得耶穌説的那個關於一個人在田裏找到寶藏的比喻嗎？似乎在古代，將金錢埋在地裏並不比存入銀行安全。第二，一個人將錢交給銀行家投資時，進行重大投資的，不是那人，而是銀行家。因此，第三個僕人很難抱怨投資對他來説太艱難。最後，這個僕人完全沒有為自己的不思進取、懶惰負責。他肯定是箴言描述的懶惰人。

聽完報告後，主人發怒，描述第三個僕人又惡又懶（這裏用的希臘語可以指無用或懶惰）。無用的僕人根本不是僕人。留意這裏所指的僕人的「惡」，與揮霍、浪費或失去他連得無關。被浪費的是機會。勤奮是智慧文學中受稱讚的一種重要的美德，正如在這段經文裏一樣。因此，主人的回應表示：你是壞管家，由於你懶惰，所以你是無用的。工作，以及投入工作，被耶穌視為好事。最終，主人將那一他連得從無用的僕人那裏奪去，給了別人：「因為凡有的，還要加給他，叫他有餘；沒有的，連他所有的也要奪過來。」在這裏，耶穌似乎修改了箴言九章 9 節的格言。其背後的原則似乎是：如果你指導受教和聰明的人，給他們力量，他們會好好加以運用。

我們必須再次提醒自己，這裏的主題不是金錢，而是耶穌給祂門徒的任務、資源、工作。我們應該強調，這個比喻的結局不是要教導我們，貧者愈貧，富者愈富，這是上帝的意圖。問題不是經濟問題，而是個人怎樣回應主人給自己的任務、工作。請留意，耶穌從沒有給門徒金錢！

30 節生動地描述了無用的僕人的命運。他被丟在黑暗中，在那裏哀哭切齒，這是用比喻的方式談到被定罪。雖然耶穌沒有教導門徒各人憑自己的行為得救，但祂確實教導他們，如果僕人沒有運用自己的他連得去做主人給他們的任務，便會失喪。更關鍵的是，耶穌不認為救恩是製成品（finished product），人只等末時進入上帝統治的領域；在耶穌的教導中，能否進入那領域，肯定受僕人的行為影響。

耶穌相信，將工作做好的人，實際上會在國度中得到賞賜。彼得問及這些賞賜時，耶穌述及家人、朋友、筵席，甚至土地。保羅提出，就連牧者的工作也會受到火的試驗，雖然他可能勉強避過，但「工程做得不好」的人，在國度卻得不到賞賜（參林前三 5～15；編按：「人的工程若被燒了，他就要受虧損，自己卻要得救。」〔15 節〕）。換句話說，國度裏有賞賜，但國度本身不是對服事的賞賜。這個比喻明確提出的是，我們的工作與賞賜，甚至是工作與救恩的關係，比某些基督徒圈子的人願意承認的，要複雜得多。

讓我們在結束之前，花點時間思想，關於耶穌給其追隨者的呼召和召命，這個比喻告訴了我們甚麼。首先，它指出，掌管一切的是上主，而不是我們，是祂委派任務。

其次，它也指出，上主根據祂對我們的能力或恩賜的評估給我們任務。這是個好消息，也正因為這樣，我們有時聽到基督徒的老生常談說，上帝給我們的工作，不會超過我們的能力所能應對的。但還有另一個相關的因素，是我們太少考慮，但必須在這裏提及的：我們信心的程度和成熟程度，與上帝給我們的任務有關，也與我們如何運用上帝所賜的恩賜有關。

你可以在羅馬書十二章 3 至 6 節很清楚地看到這點。這些經文往往被錯誤翻譯。我們關注的是開首和最後一節，首先是：「我憑著所賜我的恩對你們各人說：不要看自己過於所當看的，要照著上帝所分給各人信心的大小，看得合乎中道。」最後是：「按我們所得的恩賜，各有不同。或說預言，就當照著信心的程度說預言。」不同的譯者抗拒這種更按字面意思的翻譯，因為他們不喜歡上帝給某些人更大的信心這個觀念，但這正是保羅所說的。當然，他不是談及得救的信心，他是談及人在歸信後，實際上有多信靠上帝——因為他的讀者都已經是基督徒。當然，保羅的觀點是，恩賜來自上帝，運用恩賜的恩典和信心，也來自上帝。這部分關乎成熟與否，有些人年青，信心軟弱；有些人年長，信心更堅強；但所有人都有某程度的信心。保羅最深切的關注是，基督徒要對自己真誠，以合乎中道的判斷評估自己，對自己的恩賜和能力，不要看得過高或過低。因此，關於說預言，保羅說我們必須謹慎，不要超越信心的程度說預言；否則預言可能一部分來自聖靈的靈感（inspiration），一部分是人的努力。重要的是，基督徒應該根據最大的恩賜來運用自己的恩賜，那最大的恩賜就是信心。這需要辨識（discernment）。或許我們應該看一個例子。

我們在教會都遇過某些十分有天分，但在信心上非常不成熟的樂手。我們應該讓他們盡情發揮他們的恩賜嗎？我不認為保羅會認同。但要留意，保羅將這件事的抉擇權，放在個人身上——每個人都必須明智地思想自己是否成熟、具備信心，然後相應地參與事奉。我們不依從這規則時，有甚麼事情發生？唔，正如傳道者會說：「虛空！」結果是個人變得自高自大，而不是教會得到建立。這變成自私自利地運用恩賜，而不是運用恩賜為別人服務。當然，上帝在世人悖逆的情況下，依然可以有祂的作為；如果有需要的話，祂的作為也可能不依從某人的原則和軌迹。但基督的身體不應該這樣運作。我們應該評估自己在信心的路上，到底處於甚麼位置，想想自己得到的恩賜可以用來做甚麼，然後在任務來到時，細心聆聽那微小、平靜的聲音，找出自己應該做甚麼工作。

從上文討論到的比喻，我們看到，主人賞賜勤勞的人，譴責懶惰和無用的人。勤勞、熱誠（只要是建基於知識和良好判斷的熱誠）和努力工作，都是耶穌讚賞的。

最後，耶穌的門徒無論何時何地，都是上帝的工作、財產的管家。他們從來都不是擁有者，也不為自己決定自己應該做甚麼工作。他們的工作總是由主人委派，上述比喻在此時此地，特別適用於我們，因為它談及上帝遠行時——或者用基督徒用語來說，基督在天上，未回到地上時——管理祂產業的管家的狀況。這就是教會歷史現時的狀況。當主人回到地上時，發現有些人在處理**祂的**事務，這些人是有福的。這一切討論，都關鍵地指向我們關於工作的討論，它不單關乎生命的召命，也關乎事奉，我們現在即將討論這個題目。

# 5

# 工作作為事奉，事奉作為工作

如果一個社會視水喉維修工作為卑微的活動，從而輕視卓越的水喉維修工作，但卻視哲學為高尚的活動，從而容忍低劣的哲學，這個社會不會有好的水喉工程或好的哲學。它的水管不能盛水，它的理論也站不住腳。

**加德納**（John W. Gardner）

要在工作中得到喜樂，祕訣在於一個詞語——卓越。想知道怎樣出色地完成一件事情，方法就是享受那件事情。

**賽珍珠**（Pearl S. Buck）

## 工作作為獻給上帝的祭，作為對恩典和救恩的回應

幾年前，我寫了以下這首關於工作和事奉的詩：

**傑作**

疲倦、勞累、滿佈傷痕的雙手
工作令那人卑微
變得只為謀生
這是他現在的模樣，這也是他以後的模樣
這就是他的命運嗎？

我們的工作界定了我們、催促著我們，
艱難的任務永遠沒有完工的一天
荊棘和蒺藜，污穢和塵土
掃除乾淨，除去銹漬
為了擠身上流社會？

額上流汗，背負重擔
披星戴月，早作夜息
奴役、從早到晚努力不懈
直到身軀衰殘
以麝香的氣味止住惡臭？

但工作不是咒詛或治療
我們不會藉著它得醫治，或得生命
它最終不會拯救我們，
它不是敵人，而是朋友
但它模塑我們時，我們會更新嗎？

主人更新一切
善用我們所做的，
讓我們的工作成為祭
一份合時的禮物，來自那些得到自由
不再靠自己賺得永恒的人。

工作是進行中的使命
由某些人努力成就
當我們回應上帝的命令
在上帝手中沒有任何浪費

然後我們會聽到祂向在聖子手下
工作的人說：「做得好」。

我想在這首詩中傳達的是，工作可以是呼召、使命、事奉、獻給上帝的祭，但無論如何，我們都不應只視工作為「謀生」的工具——這實在是十分古怪的用語。我們最好在談及謀生前，先談談如何活出基督徒的生命——如果謀生的意思，是指賺錢過活。如果我們對自己誠實的話，太多時候，「謀生」實際上意味著「過**舒適**的生活」，甚或是「突然賺一大筆錢」。

從基督徒的角度看，在基督裏，所有人都蒙召參與不同的事奉，以不同的方式作主門徒。勞動是這呼召的一部分，有些會有報酬，有些沒有。保羅在哥林多前書九章堅持，在各種崗位上的牧者，都應該因為他們的勞動而得到報酬，因為耶穌說工人得工價是應當的，但當然，牧者也可以不接受報酬。如果我們視工作為管家職事的一部分，正如遊戲、崇拜、禱告、睡覺和很多其他事情是管家職事的一部分，我們便會開始走上正軌。

生命是來自上帝的恩賜，如果我們的工作是為了上帝的榮耀和基督的國度而做，工作可以是祝福，而不是咒詛。當我們在工作中回應上帝的呼召，做生命中不同的重要事情，做一些改善人類的生活，甚至是拯救生命的事情時，工作是我們日復日向上帝獻祭的方式。基督徒的恰當工作態度有幾個關鍵之處。

我們工作時，應該緊記，救恩或歸信首先來自上帝恩典的恩賜。那不是上帝欠我們的債。因此我們既不能賺得上帝的恩典，也不能博取上帝的恩典，我們甚至不應該視工作為得到上帝恩典，或作為修正，或作為彌補錯事的方法。工作不能令我們歸信；我們未得拯救，它也補償不了我們；工作也不能驅使上帝不得不應允我們所求。不過，做事奉上帝的工作，作為對上帝恩典感激的回應，可以是件美事。它可以是給世界食物、衣服，甚至拯救世界。正如我們在前面說過：上帝在我們裏面動工，以致我們能「做成我們得救的工夫」，後者可以說是我們工作的一部分。上帝希望我們成聖，而我們所做的，將影響我們能否成聖（參帖前四章）。在這裏，我要補充：內心的聖潔、生命的聖潔、成聖，這些最終視乎我們是否踐行上帝的旨意，也就是我們是否踐行祂呼召我們每一個人踐行的事奉。有趣的是，如果我們將焦點放在踐行事奉，成聖便會隨之而發生；但如果我們以自己和自己的成聖為焦點，事奉便永遠不會發生。你明白嗎？事奉是以他人為導向的。

當我們反思上帝呼召我們每個人踐行的事奉時，應該避免我們文化的錯誤，也就是以我們所做的事情定義自己。我們都是按著上帝的形象受造的（這不是我們的成就，而是上帝的恩賜）；如果我們是基督徒，我們便是按著基督的形象更新的受造物。這就是我們的身分。無論我們是醫生、律師、科學家、牧者還是神學家，我們所做的，都是重要的，但那並不定義或掩蓋我們的身分。我們都遇過某些醫生或其他專業人士，他們有很高超的技巧，但卻不是很好的人。他們擅長執行自己的任務，但卻不是好人，更不是好的基督徒。難怪保羅在教牧書信中談到事奉時，對他們應該做甚麼只簡短提及，但對他們應該成為怎樣的人，卻詳細論說（例如參提前三章；多一章）。

再者，我們不應該以自己得到多少報酬來評估自己的工作，也不應該以得到多少稱讚、名聲或榮譽來評估自己的工作。我們應該以我們是否做得好、是否盡自己的能力做到最好、是否誠實和適時完成、是否為了上帝的榮耀而做來評估自己的工作——無論別人怎麼看待那工作。可惜，在這世界，很多人，甚至基督徒，都不單以自己所做的事情來定義自己，也以這些工作的收入來界定這些工作的真正價值。這不僅是可悲的，更阻礙我們認清我們真正的身分，我們真正屬於誰。

最後，看到工作圓滿完成，得到滿足感是對的。這本身就是報酬，但由於我們的觀眾，最終是那獨一上帝，論到評估我們的工作，那真正重要的評估聲音，我們總有一天會聽到：「做得好，你這又良善又忠心的僕人。」在創世記，在工作和休息之間，工作和玩耍之間，工作和敬拜之間，有一種辯證的關係（a dialectic），這並不是出於偶然。我們的生命永遠都不應該滿是工作，否則我們的生命僅止於此，因為我們所做的，將我們推向死亡。

不久以前，我到訪位於夏洛特市的葛培理圖書館（Billy Graham Library）。我參觀完後準備離開時，發現還有一個戶外花園，那是葛培理的太太葛路得（Ruth Graham）的紀念花園。那裏有一塊巨型墓碑，上面刻著她的名字和生卒日期，以及以下文字：「建築完工，謝謝你的忍耐。」我看到這些文字時，突然想到，我們有一種與眾不同的評估工作、事奉、時間的方式。如果我們將生命中的工作，作為上帝在我們裏面所動的工，作為上帝對我們所做的事情，那會怎樣？如果我們視它為一個有時限的過程，當中需要付出時間，那會怎樣？如果「當恐懼戰兢做成你們得救的工夫。因為你們立志行事都是上帝在你們心裏運行」被視為最重要的工作，是一種倚靠上帝在我們裏面運行的工作，是一種除非上帝首先將它實行出來，否則我們做不出來的工作，那會怎樣？如果這種工作才是真正重要的且影響我們永恆的命途，那會怎樣？

## 工作作為事奉

緊記著這些大前提，我們接著可以開始更仔細地討論「作為事奉的工作」，以及「作為工作的事奉」。我們也應提醒自己重要的幾點，然後才討論一些重要的經文。首先是「信徒皆祭司」這個觀念，它激發了像馬丁．路德這樣的改教家談到，基督徒做的所有好工作都是事奉，這打破了一般的工作和神職工作，或神聖的工作和世俗的工作之間的區分。在這點上，我頗為同意路德。這又引發另一種理解，認為任何好的終生工作，都是上帝給人的呼召，上帝根據人的能力和恩賜分派某人某些任務。馬太福音二十五章 14 至 30 節的比喻，同時適用於牧者和平信徒，也同時適用於女人和男人。簡而言之，這比喻是給所有有能力工作的信徒的！當然，這也表示基督徒總要在基督裏，就自己怎樣對待接收到的任務，向上帝負責；而基督回來時，基督徒也要向祂交帳。

這個比喻告訴我們的是，基督尋求勤奮、正直、誠實、忠心、追求卓越、全力以赴、為自己的行動負責的人……等等。基督徒無論做甚麼工作，都應該視之為呼召（calling），而不單是職業（job），也應該視之為事奉（ministry），為了服事君王和祂的國度而做，而不單是任務（task）。

終末的情況這樣形塑我們看待工作的方式：現在救恩已經臨到世界，因此最重要的是，我們工作的方式，要見證那真理，見證那位說祂是道路、真理、生命的上帝。無論我們談及以生活方式佈道，還是以工作和工作倫理的正直操守來見證信仰，基督徒都知道世界將得到拯救；參與這工作，實際上是我們所有人的「首要工作」。主把大使命託付給所有復活節後的門徒（post-Easter disciples），而不單是十一使徒。我們要使萬民作主門徒，帶領他們執行所有受造物——無分貴賤——的終極任務，就是敬拜獨一真神。

因此，基督徒不應根據原本的創造秩序來理解工作，更不應根據墮落來理解工作。我們主要根據基督事件（Christ event）來理解工作，前瞻基督再來時那事件的完成。基督像夜間的賊人那樣來到（我們不知道那會是甚麼時候）。論到工作，這終末事實（eschatological fact）所帶來的，是直接或間接地透過我們的工作，給「使人作主門徒」這基本任務添上某種迫切性。不僅如此。

終末的視野也令我們看到，這個世界的普通或平俗的事情和任務，是多麼短暫和多變。保羅在哥林多前書七章17至20節和29至31節反思基督事件怎樣改變基督徒「一切如常」的狀態，他說道：

> 只要照主所分給各人的，和上帝所召各人的而行。我吩咐各教會都是這樣。有人已受割禮蒙召呢，就不要廢割禮；有人未受割禮蒙召呢，就不要受割禮。受割禮算不得甚麼，不受割禮也算不得甚麼，只要守上帝的誡命就是了。各人蒙召的時候是甚麼身分，仍要守住這身分……弟兄們，我對你們說，時候減少了。從此以後，那有妻子的，要像沒有妻子；哀哭的，要像不哀哭；快樂的，要像不快樂；置買的，要像無有所得；用世物的，要像不用世物，因為這世界的樣子將要過去了。

保羅極盡簡明地說，由於基督和終末的局勢已經臨到，根據舊有的智慧，舊有的關於生死、愛和婚姻、財物和財產、工作和休息的真理來生活，並不足夠。這個世界的人事物都得知，他們有一個限期。事情不會永遠按現狀繼續下去。這表示我們必須明白，地上的生命及其制度和活動都是短暫的；這並不是因為傳道書所說的一切都是虛空或沒有意義，而是因為我們要根據生命中真正重要的事情——也就是在基督裏的救恩和祂將來的國度——來理解一切事物。當與這些現正發揮作用的終末實在比較時，即使是婚姻或死亡，其重要性也相形失色；這些實在現在必須改變我們對工作和休息、結婚或獨身、生或死的理解。

這對基督徒來說意味著，謀生、供養家人、出人頭地這些舊有的基本優先事情，都被相對化，或被放在不太優先的位置，在「領人歸向基督、進入國度」這個更基本和重要的任務之下。正如我們從哥林多前書可以看到，保羅並不認為這種任務只是給受薪的牧者。他告訴所有讀者，要根據上帝在基督裏不斷成就在他們中間的神聖拯救行動，以新的方式思考自己的生命、人際關係、工作。

他說的是，即使是婚姻和孩子，也不是，亦不應該是我們存在的全部。婚姻是暫時的制度，為著我們在地上的好處，正如保羅在羅馬書七章 1 至 4 節中清楚表明的那樣。其中一個成員去世時，婚姻便完結。保羅只想信徒明白，短暫的事物和永恆的事物之間的分別，並賦予主要的事情名副其實的重要性。事實上，保羅提出，隨著國度的來臨，無論是結婚還是獨身，都需要主的呼召和恩賜。他稱這兩種生活狀態都是「恩賜」，恩典的禮物（參林前七 1 ～ 10）。換句話說，如果基督徒要在他們生命中實現上帝為他們而設的目的，他們不應再秉持「生養眾多」這個創造秩序的命令。事實上，保羅指出，我們不再根據自然形成的或看似自然的事情來生活，我們甚至不再根據舊有的創造秩序來生活。相反，我們從國度的角度看生命，這表示我們可以視「在主裏的婚姻」或「為主守獨身」為蒙福的選擇，而不是必然的事情。此外，對生命持這種觀點，有助婦女扮演各種角色，包括牧養的角色，這是她們以前沒有時間做的，因為她們以前全時間投身在生兒育女上。

## 「道的事奉」的工作

那些特別蒙召、得到裝備去教導和傳道、佈道和勸人歸信的人，又怎樣呢？保羅對這些人有特別的話說。他明顯同意雅各的審慎評估，即應該不會有太多人想成為這樣的教導者，因為這個任務責任重大。讓我們讀一讀哥林多前書三章5至23節：

> 亞波羅算甚麼？保羅算甚麼？無非是執事，照主所賜給他們各人的，引導你們相信。我栽種了，亞波羅澆灌了，惟有上帝叫他生長。可見栽種的，算不得甚麼，澆灌的，也算不得甚麼；只在那叫他生長的上帝。栽種的和澆灌的，都是一樣，但將來各人要照自己的工夫得自己的賞賜。因為我們是與上帝同工的；你們是上帝所耕種的田地，所建造的房屋。
>
> 我照上帝所給我的恩，好像一個聰明的工頭，立好了根基，有別人在上面建造；只是各人要謹慎怎樣在上面建造。因為那已經立好的根基就是耶穌

基督，此外沒有人能立別的根基。若有人用金、銀、寶石、草木，禾稭在這根基上建造，各人的工程必然顯露，因為那日子要將他表明出來，有火發現；這火要試驗各人的工程怎樣。人在那根基上所建造的工程若存得住，他就要得賞賜。人的工程若被燒了，他就要受虧損，自己卻要得救；雖然得救，乃像從火裏經過的一樣。

豈不知你們是上帝的殿，上帝的靈住在你們裏頭嗎？若有人毀壞上帝的殿，上帝必要毀壞那人；因為上帝的殿是聖的，這殿就是你們。

人不可自欺。你們中間若有人在這世界自以為有智慧，倒不如變作愚拙，好成為有智慧的。因這世界的智慧，在上帝看是愚拙。如經上記著說：

「主叫有智慧的，中了自己的詭計」；

又說：「主知道智慧人的意念是虛妄的。」

所以無論誰，都不可拿人誇口，因為萬有全是你們的。或保羅，或亞波羅，或磯法，或世界，或生，或死，或現今的事，或將來的事，全是你們的；並且你們是屬基督的，基督又是屬上帝的。

這段經文有很多地方都值得討論。首先，這些栽種者、使徒、領袖，都被視為上帝的僕人，實際上也是上帝百姓的僕人。他們也被稱為上帝的**同工**，保羅期望人們因此而尊重他們。他們首先被稱為上帝田地的栽種者和澆灌者，然後是上帝的殿的建造者。但保羅強調，使農作物生長的是上帝；在以上兩種情況，保羅都強調，有一個生命體（a living entity）——上帝的百姓——將得到建造。

留意這段經文說了甚麼：栽種者和澆灌者有同一個目的；如果他們做得好的話，上帝會賞賜他們。他們需要小心做那工作，將結果和賞賜交給上帝判斷。在審判日，亞波羅、保羅、彼得，或其他人做了甚麼工作將會顯明，「人……所建造的工程若（經過火的試驗而）存得住，他就要得賞賜。」不過，如果工人沒有小心施工，或者沒有用正確的材料建造，那麼他們便會受虧損，但仍會得救，就像從火裏逃生。留意，最終判斷人的工作的是上帝，而不是會眾。領袖同時屬於上帝和百姓，但上帝所有的百姓都屬於上帝，後者的行為也向上帝負責。一切事情的運行都有上帝的同在（*coram Deo*），所有事情都在上帝面前進行。我們不單要記住上帝在觀看，也要記住上帝現在正在工作，有一天，祂也會對我們的工作進行質量檢查。

對於這段經文，第二件要強調的事是，保羅不單告訴我們，上帝推動我們事奉，給我們力量事奉；他說上帝也在工作。我們是全能者的同工，這是最高的榮幸。上帝不單委派工作給我們，給我們工具和才幹，告訴我們繼續努力；這位大老闆自己也總是在工作。我們和祂一起工作，這應該足以推動我們不懈怠，全力以赴。這也應該是很大的安慰。

普拉赫(William C. Placher)提醒我們，我們不應該將召命或呼召，限於像保羅或亞波羅這樣的佈道者或教師。[1] 我同意他(和我們在上一章讀到的泰勒)的看法。對基督徒來說，呼召和召命不應該只有單一的定義。同時，我們不能忽略保羅在哥林多前書三、七、九章所說的。就國度而言，他並沒有說任何好的任務都是重要的，尤其是他在哥林多前書七章將生命中普通或平俗的任務相對化，說關於這種事情，我們應該「要像無有」那樣生活。很明顯，對我們而言，沒有甚麼呼召或召命，是比「分享基督」更重要的，雖然正如我說過，這可以有很多方式，有些是直接的，有些是間接的。

從以上反思可歸納出三點。首先，基督徒需要排列優先次序。他們需要知道，他們在生命中所做的事或工作，甚麼較重要，甚麼較不重要，而這部分視乎他們蒙召或得到恩賜做甚麼，或沒有蒙召或恩賜做甚麼。讓我舉一個個人的例子。雖然我喜歡在合宜的季節剪草，也從中得到做運動的好處，但如果我不停做這工作，以致忽略了我寫作、教導、講道這更重要的呼召，那便不是最好地運用我的時間、呼召、恩賜或召命，即使是在夏天。這不會是我最明智地運用我的天賦(talents；從字面和比喻意義上而言)的例子。第二，我們要明智，看到短暫的工作和不朽的工作之間的分別。這需要辨識，也可能需要外在的建議和智慧。有時我們當局者迷，以致不能退後，富批判性地評估它；我們太投入其中，以致不能向新的呼召、新的方向開放。第三，我們不應該將工作視為贖罪的行為，也不應該視工作為賺得救恩的手段。我們需要以神學的眼光看待我們的工作，視之為呼召和召命，但這並不表示我們可以拿工作來贖罪或賺得救恩。第四，明顯的是，無論我們做甚麼，我們都只應該做能夠榮耀上帝、造就他人的事情。我們的滿足感應該來自好好工作，而不是能否得到報酬，或得到多少報酬。但我們需要更具體、更詳細地探討這最後一個問題。

## 受雇工作，還是不勞而獲？

受雇工作在我們這種工作狂的文化中，是一個敏感的話題，以致人們，甚至基督徒，都可悲地傾向根據自己的淨值（net worth），來評估自己的永恆價值，或者根據他們得到多少報酬，來評估自己的工作的價值。這無疑是巨大的錯誤。有些人幫人修腳甲而賺得大量金錢，從基督徒的觀點看，修腳甲並不是生命中十分有必要和有意義的工作。工作的報酬，與工作的好處和價值，完全不成比例。如果我們認為這很荒謬，我們應該記住，至少對修甲師來說，工作和工資之間，或勞動和報酬之間是相關的。在我們的文化中，太多時候，人們的理想是過「美好的生活」，而又不需要為這目標努力——正如以前一首流行曲說的，「不勞而獲」。另一邊廂，有一句老生常談是：「天下沒有免費的午餐」；奇怪的是，這令我們文化中的某些人懷疑，救恩是否白白的恩賜。

讓我們以另一個比喻開始這部分的討論——馬太福音二十章那個雇工的比喻：

因為天國好像家主清早去雇人進他的葡萄園做工，和工人講定一天一錢銀子，就打發他們進葡萄園去。

約在巳初出去，看見市上還有閒站的人，就對他們說：「你們也進葡萄園去，所當給的，我必給你們。他們也進去了。約在午正和申初又出去，也是這樣行。

約在酉初出去，看見還有人站在那裏，就問他們說：「你們為甚麼整天在這裏閒站呢？」

他們說：「因為沒有人雇我們。」

他說：「你們也進葡萄園去。」

到了晚上，園主對管事的說：「叫工人都來，給他們工錢，從後來的起，到先來的為止。」約在酉初雇的人來了，各人得了一錢銀子。及至那先雇的來了，他們以為必要多得；誰知也是各得一錢。他們得了，就埋怨家主說：「我們整天勞苦受熱，那後來的只做了一小時，你竟叫他們和我們一樣嗎？」

家主回答其中的一人說：「朋友，我不虧負你，你與我講定的不是一錢銀子嗎？拿你的走吧！我給那後來的和給你一樣，這是我願意的。我的東西難道不可隨我的意思用嗎？因為我作好人，你就紅了眼嗎？」

這樣，那在後的，將要在前；在前的，將要在後了。

我們應該留意這個比喻的幾個特點。首先，比喻談及雇工，也就是按天受雇的人，因此他們必須坐在市集，希望有人請他們到田裏工作，否則他們和家人第二天便沒有東西吃。而由於他們按天工作，他們也按天得到工資——「我們日用的飲食，今日賜給我們」是這些雇工的禱告。雇工的工資通常是一得拿利或德拉克瑪（drachma），這正是比喻中家主給第一批工人的工資。對第二批工人，他給他們「當給的」，他對接著雇用的兩羣人也是這樣說，但對最後受雇的人則沒有這樣說。

葡萄成熟時，人們必須在它們變壞前把它們摘下來，以獲得最多收成。因此，園主清晨去市集，然後在上午九時再去，中午、下午三時和五時也去。他感到意外的是，那麼晚竟還有人站在那裏等候受雇，於是他問：「你們為甚麼整天在這裏閒站呢？」他們的回答簡單又明瞭：「因為沒有人雇我們。」這話多麼令人心碎！這個比喻不是說這些人懶惰。他們只是失業。他們明顯極想工作，賺取生計，所以在接近日落時仍然站在市集。家主沒有給這羣人任何承諾，但他們可以進入園裏工作。雇工的生活可以說是勉強糊口，即使有一點兒工資也比沒有好。對家主而言，必須盡一切努力及時收割葡萄。如果這個故事發生在六月或九月，日落便會在黃昏六時至七時之間，這最後一批工人只工作一兩小時。

利未記十九章13節和申命記二十四章14至15節告訴我們，當時的習俗是在每天結束時支付工資給雇工，所以在8節，家主吩咐管工從園裏召集工人。但有趣的是，他叫管工按工人受雇相反的次序，支付他們工資。最後來的先得工資。接著更奇怪的事情發生了——最後受雇的工人得到一整天的工資。因此那些最先受雇的工人期望得到超過一個得拿利，也是可以理解的，因為他們工作了十二小時。但他們也只得到一個得拿利，於是他們開始抱怨：「我們整天勞苦受熱，那後來的只做了一小時，**你竟叫他們和我們一樣嗎？**」我們突然間遇到關乎榮辱的問題。那些最先受雇的人感到受辱，因為他們的工資不比最後受雇的多，雖然他們付出更多勞力。留意他們沒有説任何關乎「同工同酬」的話，雖然他們可以這樣説。他們説的是：「你竟叫他們和我們一樣嗎？」問題的核心是榮耀和身分，或許他們感到自己是更好的工人，因為他們最先受雇。

在13節，家主稱他們為「朋友」，並提醒他們，他對他們是完全公平的，他給他們的工資，是那天開始時大家都同意的。這裏的問題不是違反合約，因此不是關乎公義或公平的問題。家主接著補充説，他們應該接受工資，然後離開，他問他們：「（當我已付你當得的工資）我的東西（剩餘的金錢）難道不可隨我的意思用嗎？因為我作好人，你就紅了眼嗎？」當然，慷慨往往超越公義，家主選擇對最後受雇的人慷慨，或許是因為他知道，後者及其家人和其他人一樣，是那麼需要食物。因此，那些抱怨的人針對的是慷慨，而不是不公義。當然，這個比喻主要不是關乎金錢的問題，而是關乎國度的問題，上帝的仁慈確實總是挑戰那些思想只建基於功勞或報酬的人。真正的事奉超越公平，滿足人們的需要；上帝慷慨時，沒有人應該妒忌。

我們對這個比喻的興趣是，它持守「工人配得工價」（太十 10；路十 7；比較提前五 18）這個普遍原則。這句格言假設工作和工資之間，有正常的連繫，但它的意思，則視乎具體情況。馬太說的是工人配得他的生計，正如他使用的希臘語 *trophos* 指的不單是食物，也指住宿。也就是說，馬太談及的是生活開支，這不單包括人購買食物的開支。另一方面，路加則集中在合約方面：一個人受雇工作，配得相應的報酬。提摩太前書五章 18 節特別將這個原則，應用到教會長老（「工人得工價是應當的」）身上，將它連繫到申命記二十五章 4 節的原則——就連牛也因為辛勤工作而得到好處。保羅在哥林多前書九章 7 至 18 節清楚表明，牧者有權以傳福音為生，這是對耶穌的教導——工作和合理報酬之間的連繫——一個特別的延伸。事實上，他更清楚地指出：「主也是這樣**命定**，叫傳福音的靠著福音養生」（14 節）。

正如保羅在哥林多前書九章和其他地方描述的，關乎福音的特定事奉是艱難的工作，應得合理的報酬，尤其是它直接實現大使命這個給每個基督徒的主要任務。在這裏，我們從「所有工作某種意義上都是事奉」，談到「事奉作為某一種特定的應得合理報酬的工作」。當然，從現在到主再來這段時間之內，世界的優先次序，與國度的優先次序永遠都不相同，但至少在基督徒的圈子中，保羅鼓勵基督徒對那些靠福音養生的人，要以基督信仰的方式思考後者的雇用情況。

當然，有時艱難的工作會帶來可觀的報酬，那時，道德的困境不是來自維護同工同酬的原則，或為「至關重要的工作值得公平的補償」辯護等；那道德責任由雇主轉向雇員，由「給予補償的人」轉向「接受補償的人」。我的意思是，我們怎樣運用我們賺取的金錢，這是一個道德問題，對任何人來説皆如此，對牧者而言或許更甚。一個人無需因為收入豐厚而過揮霍的生活。累積財富對基督徒而言，是嚴重的問題，我在其他地方詳細地討論過這個問題。[2]在這裏我要提出的是，當論到該怎樣運用我們賺得的金錢，福音的執事（the minister of gospel）有獨特的機會和責任以身作則，會眾也一定會留意他們。

當然，有時會眾期望牧者顯得富裕，這樣可以給他們藉口或理由也過奢侈的生活。他們説自己有權這樣做，因為所有好的恩賜都來自上帝！事實上，努力和誠實工作的基督徒，往往面對隨著好待遇而來的兩難處境，這是一種好的兩難處境。衛斯理在工業革命興起時，常在循道派信徒中處理這個問題，以致他在十八世紀後半葉最常用的講章，題目是「論運用金錢」。他說自己的目標是，當死亡向他招手時，他將自己擁有的一切施予出去。這與某些牧者花時間用一種所謂的「成功神學」合理化奢侈的生活方式相比，是多麼不同的態度！

大部分基督徒都同意，他們需要擁有一些道德辨識能力，找出甚麼是他們應該做的、好的和敬虔的工作。他們或許也會同意，那工作能夠，並且應該被視為呼召、召命，甚至事奉，而工人得工價是應當的，這包括那些我們稱為牧師、牧者、神父、教士的人。他們明白他們的工作，以及他們工作的方式，是為福音和將來的國度作見證，所以是那更大的佈道事業的一部分，為要實現大使命。謀生是一回事，生活是一回事，以基督徒的身分生活又是另一回事。

但太少基督徒明白，他們在工作中蒙召成為文化建立者（culture builders），或者思潮的創造者（ethos creators）。不少基督徒——或許特別是抗衡文化的基督徒——有時對文化採取一種敵對的態度，以致純粹從護教的角度看文化，視文化為需要解構的東西。但如果上帝給基督徒恩賜，讓他們運用他們的能力，在藝術、家事，在所有富創意的技藝中，建立更具基督信仰特色的世界，那會怎樣？關於這個課題，克勞奇（Andy Crouch）說得非常好。所以在下一章，我們會就「從基督信仰的角度製造文化」這個課題，與他詳細對話。

# 6

# 從克勞奇的立場看世界：工作——製造文化

人類的首要責任，是與社會建立正確的功能性關係——簡單來說，是找到你真正的工作，並投身那工作。

**吉爾曼**（Charlotte Perkins Gilman）

## 基督對抗文化？

多年來，基督徒對他們身處的文化，都持多種不同的態度。有些像聖潔會（Holiness）、門諾會（Mennonite）、門諾會嚴謹派傳統那樣，或多或少厭惡文化。有些人則似乎對處於文化中感到自在，認為它是由上帝創造和維持的，即使有時需要改革。在《基督與文化》（*Christ and Culture*）這本經典著作中，神學家尼布爾（H. Richard Niebuhr）勾畫出人們對「基督與文化的關係」的五種基本理解。

他稱第一種為「基督對抗文化」（Christ against Culture），基督和邪惡的世界基本上是對立的，基督呼召追隨者迴避文化。第二種是「文化的基督」（Christ of Culture），基督和文化被視為和諧共融，基督體現了文化中最理想之狀態，同時向我們顯示應該怎樣改革文化中最壞的情況。第三種是「基督在文化之上」（Christ above Culture），文化並不必然是邪惡的，但它並不能拯救我們，因為我們需要基督超自然的介入。第四種是「基督和文化處於弔詭之中」（Christ and Culture in Paradox），這種態度認為人類的文化十分墮落，但上帝並沒有放棄它，因此基督徒在其中仍然要發揮作用。第五種是「基督轉化文化」（Christ transforming Culture），這種立場認為人類文化是墮落的，但透過基督的模塑，能夠得到救贖。[1]

或許上述某個立場更令你產生共鳴；尼布爾自己提倡最後一種範式，也就是「基督轉化文化」。根據這個觀點，基督徒能夠在地上建立上帝的國。問題是在福音書中，建立上帝的國不是現時人類要做的事情，而是上帝在我們當中的神聖拯救行動，將人們改變。或許因為這樣，尼布爾替他的書起名為《基督與文化》，而不是《基督徒與文化》。無論如何，自從尼布爾開始，有太多人假設福音書中描述的，便是給我們的規範，是我們身為基督徒的行軍令。在這裏，我想起布克萊（William Blake）的一首關於彌爾頓（John Milton）的著名詩歌，那首詩被譜成聖詩：

> 古時那雙腳，
> 走在英國青葱的高山上：
> 上帝神聖的羔羊，
> 走在英國恬適的牧場上！
>
> 神聖的面容，
> 是否還光照我們雲霧瀰漫的小山？
> 耶路撒冷是否在這裏建成，
> 在這些黑暗的撒但的磨坊之間？
>
> 將我燃燒的金弓拿來；
> 將我慾望的箭拿來：
> 將我的矛拿來：啊，煙消雲散！
> 將我的烈火戰車拿來！

我不會停止精神的鬥爭，
我的劍也不會在我手中沉睡：
直到我們建成耶路撒冷，
在英國青蔥恬適的土地上。[2]

當然，布克萊在這首詩歌中談及的，是在英國建立新耶路撒冷的那個屬於英國人的異象。而以上幾節詩，記載在他寫的關於彌爾頓的詩的序言中。這並非出於偶然，因為彌爾頓在他的史詩和著作中，推動清教徒對生命和社會所持守的異象。可惜，清教徒在英格蘭和新英格蘭的經驗，都痛苦地見證了一個事實：即使是最敬虔的基督徒，也不能在地上建立天國，更別提建立新耶路撒冷，即使有一百把復興之火熾烈地燃燒，也不可能。然而，當國度只能是由上帝促成的事件，我們只能夠接受，我們能否談論「製造文化」（culture making）這較小的任務？還有在「製造文化」這方面，當論到工作，基督徒有甚麼責任？「製造文化」聽起來沒有「建立國度」那麼自負，值得我們與克勞奇——一個對基督徒和「製造文化」長時間深入思考的人——討論。

在克勞奇的《製造文化：恢復我們創造性的呼召》（*Culture Making: Recovering Our Creative Calling*）[3]這本書封底的評論中，聖母院大學（University of Notre Dame）的社會學教授史密斯（Christian Smith）這樣說：「過去一百年，美國福音派很容易譴責文化、批評文化、抄襲文化、消費文化；要他們積極和富想像力地創造文化，卻困難得多。克勞奇要改變這種情況。」看到這裏，我已經喜歡上這本書了。

太多時候，福音派基督徒的問題是有著不同形式和程度的狹窄目光。我稱其中一種形式為「宣教的狹窄目光」，這種目光視世界為人們需要從中得拯救的地方。因此，事奉是把即將滅亡的人，從走向地獄的世界拯救出來。這種目光的問題是，它不單宣揚一種關於教會和基督徒生命的救生艇哲學（lifeboat philosophy；「我們必須活在避難所中」），也大大低估了上帝的能力和角色——祂不單是教會的主宰，也是世界的主宰。這種目光也完全忽略了創造神學，創造神學說上帝創造的世界是好的，人類社會和人類的工作最初也被視為好的。

是的，我們高唱「這是天父世界」，但我們絕對沒有這個意思，也不明白它的意思。這部分歸咎於尼布爾稱之為「基督對抗文化」的取向，部分歸咎於「基督轉化文化」的信念，這種取向也有些道理。但如果基督來更新一切，那會怎樣？如果祂來創造文化，號召我們不單要轉化現存的文化，甚至要建立新的文化，那會怎樣呢？如果教會的本質，以及我們的工作的原初使命，就是要像耶穌那樣與壞人一起進餐，那會怎樣呢？如果「在你們裏面的，比那在世界上的更大」（約壹四4）是真的，那會怎樣呢？我深信克勞奇可以幫助我們更整全和廣闊地探討工作、召命、事奉。

讓我們從克勞奇對文化的定義開始：文化是我們對上

帝創造的世界所**做**的一切事情。[4]它不單關乎高雅藝術或建築，它更是我們對上帝創造的事物所做的一切事情，由蛋餅到《蒙羅麗莎》(*Mona Lisa*)。文化總帶有創意的印記，即使我們做出來的東西，往往似乎來自模仿他人或沒有原創性。克勞奇說，我們有這種內在的設計傾向和渴望，要將我們得到的東西變得更豐富。這部分源自我們是按照上帝的形象受造的，而上帝是創造者和統治者，是維持者和救贖者。

克勞奇接著強調，文化也關乎我們怎樣理解現存的東西，也就是我們對現存的東西有甚麼**感思**。世界需要一種詮釋，一種解釋。我們似乎是地上惟一會問**為甚麼**的受造物：

> 只有人類嘗試理解世界，詮釋它的奇妙和可怕……我們藉著在世界製造出某些東西而**理解世界**。人類對意義的追尋，答案就在人類的製造活動中：製作手指畫、煎蛋餅、造椅子、拋雪球等文化活動。意義和製造連在一起——你可以說文化是製造意義的活動(頁23)。

至此，文化聽起來像詮釋學的練習，詮釋已經存在的事物，就像電影評論。但事實上，克勞奇接著強調，文化模塑、再模塑存在的物質世界。人類不單觀察或詮釋世界，他們也建構世界，製造世界——在不同的意義上。「除了自然世界，文化世界也成了我們必須有所製造的領域」(頁 27)。

克勞奇頗為自然地建議我們思考修路這工作，以及它怎樣改變事物，而不單是地形。我已經觀察這個過程好幾個星期了。我駕車去肯塔基(Kentucky)的威爾莫爾(Wilmore)，那裏正在興建一條全新的四線高速公路，在過程中，不同的馬場被拆除、拆解、移置。不用多久，我喜歡的其中一個馬場便不會再座落在哈羅茲堡道(Harrodsburg Road)旁邊，因為那條路現在在馬場後面。這會令去威爾莫爾的旅程更快捷方便，也不會那麼大風，我上班的旅程會不同，我的活動範圍會不同，我的視野也會不同。我們實行的製造，無論我們是否稱之為工作，都是文化製造，因為它重塑我們的世界——包括外面的世界，我們通常稱之為「自然」，以及裏面的世界，即我們的思想。工作改變世界，為以前存在的東西賦予新的文化。文化製造是人類無可避免的；惟一的問題是，基督徒會否有意義和自覺地進行這種活動，以此作為他們「工作」的一部分，並明白這樣做時，他們在創造一個新世界。

克勞奇指出，汽車和公路系統令以前人們視為理所當然的事情——也就是騎馬走頗長的旅程——變得不可能。你現在在正常的公路上不能這樣做，這是被禁止的。即使沒有被禁止，途中也沒有足夠的旅店和馬棚支援你以這種方式走相當長的路程。即使你嘗試這樣做，馬匹也會遇到危險，因為路過的汽車噴出的黑煙，很可能令人和動物都吃不消。因此，就連門諾會嚴謹派想出遠門時，也乘順風車或坐火車。人類製造文化的工作改變了世界。因此難怪克勞奇總結說：「對人類而言，沒有文化，就甚麼也不可能發生。說文化創造了可能性視域（horizons of possibility），就是直接說出事實，而不是在運用象徵或比喻」（頁35）。在這個意義上，文化被賦予十分廣泛的定義，它不單連繫到，甚至不是主要連繫到高雅藝術。（不過，我必須說，我的鋼琴家母親會堅決抗拒稱「興建州際公路」為「製造文化」！）

簡而言之，這表示工作——我們的工作，基督徒的工作——創造一個世界；而如果沒有辛勞的工作，就連實現大使命，也只會是一個美好的意念而已。恩典透過我們的工作，傳達給其他人。恩典和工作不應被視為神學拳賽場上的對手，它們應該是划艇的伙伴，朝同一個方向前進。同樣，基督教不應對抗文化；它應該總是以行動創造文化和世界。

基督徒的其中一個真正的問題，是我們可能太過保守孤立，生活在自己的小圈子內，這個趨勢隨著我們國家愈趨重視「在家裏教育孩子」和「基督教教育」而增強。當我們蒙召使萬民作門徒，如果你所做的，只是在詩班唱歌和向詩班講道，又怎能製造文化和改變世界，使之具有基督信仰的特質？讓我們再次思考克勞奇的話：

文化需要公眾：一羣人，他們充分受到文化中好的

> 元素影響，以致他們的「可能性視域」和「不可能性視域」(horizons of impossibility)受到改變，他們自己的文化創意，受到那好的元素推動。這羣人不必多；但沒有這羣人，那製成品便只會停留在十分個人和私人的狀態(頁38)。

在我們的文化中，我們傾向認為，像宗教信仰這樣十分個人的事情，應該是私人的事情，但福音信仰永不應如此。我們要成為分享福音和製造文化的人，而製造文化涉及工作。事實上，如果我們不是傳道人、教師或神父，我們的工作可能很大程度上涉及最基本的關乎意識觀念的文化製造，大部分人不會視這些意識觀念與神聖的任務有關。基督教要真正成為基督信仰，則必須走向公眾，必須成為共享的公眾利益，而不單是給歸信者的私人自助計劃。

克勞奇最有說服力的其中一點是，家庭或許是社會中最基本和最重要的文化製造單位。在家裏發生的事情，在外面也可能會發生，但在家的環境和家庭的處境下，各種正面的文化建構都可以發生。例如：烹飪是一種工作，不單製造文化，也製造國度——如果你邀請人們吃晚飯，或者在家裏舉行一些基督徒聚會，或者在這樣的處境下進行友誼佈道。「家庭(包括基督化家庭)是最小的文化單位——也是最有力的」(頁45)。如果你不相信這點，去租電影《我的大嚿婚禮》(*My Big Fat Greek Wedding*)來看看吧。

當然，談及改變整個文化或整個世界，大多數情況是野心太大。當頗有這種工作效率的衞斯理說「世界是我的牧區」時，有些人相信他；這主要不是因為他已經去過喬治亞州（Georgia）並回來。但當我們談及令我們的工作致力於製造文化，榮耀上帝和造就別人時，我們必須談談規模經濟（economies of scale）。克勞奇這樣說：

> 要在世界找到我們身為文化製造者的位置，就必須留意文化的多個面向。我們會在特定的種族傳統、特定的領域中，以特定的規模，為世界帶來某種改變。沒有「單一的文化」（the Culture）這種東西，任何談論「單一的文化」的嘗試，特別是藉著「轉化文化」來談論的，都是被誤導，也是誤導人的。真正的文化製造——先不說文化轉化——始於我們想在哪一種文化世界——或者更好的說法是，哪些文化世界——帶來改變（頁 48）。

我們可以從研究文化得到的其中一個最重要的洞見，是漸漸看到，那些追逐所謂的新/新鮮/新潮的虛幻事物的人，永遠都在改變，沒有甚麼持久的影響力。克勞奇正確地警告說：「論到文化層面，其**改變的速度**和它**影響力的持久性**之間形成反比。某個文化層面改變得愈快，它對『可能性視域』和『不可能性視域』的長遠影響便愈小」（頁 56）。跟隨潮流的人會發現，努力工作的教會或商業機構，或許都會有增長，但它們是否實現有持久價值的東西，卻是另一回事。我們身為基督徒，面對自己的工作，總要提出這些問題：我的工作有持久價值嗎？它帶來改變嗎？它值得我們首先完成它嗎？還是那是徒勞的？這工作有意義，有目的嗎？如果有，那是甚麼？當然，回答這些問題並非總是容易的，因為某些工作的影響和質素，可能要在多年後才看得到。

佛羅里達州（Florida）邁亞密（Miami）一間經濟公寓在沒有任何明顯外在因素影響的情況下無故倒塌。調查得出的結論是，雖然建築物的外表看來沒有問題，但在二十年前，公寓卻以劣質的物料草草建成。它不可能通過壓力測試——如果當時有這種測試的話。即用即棄社會中的即用即棄文化，很多太快速的改變並沒有多少長遠價值。克勞奇對此深有同感：「重要的事情，無論多麼出乎意料，無不有著悠久的歷史，並影響著長久的將來」（頁 57）。

## 改變和文化

事情可以很快變壞，而製造有價值的事物，或令事情變好，卻幾乎總需要相當長的時間——發現這個事實，既令人驚訝，也令人有點沮喪。舉例來說，想一想二〇〇一年九月十一日的恐怖襲擊，世貿中心多麼快就變成一片頹垣敗瓦，但最初興建它們時要花多長時間？或者清理那片瓦礫需要多長時間？或者想想像米開 · 朗基羅的《大衞像》（*David*）

這樣的偉大藝術品，經多月才能雕成，但如果有人用鎚子敲打它，會在頃刻間將它毀壞。建築物、藝術品，甚至人類生命，都很容易被破壞。花時間讀讀啟示錄十八章羅馬的商人、食客、顧客的哀歎，以及那重覆出現的話：「一時之間……就……」。

我們美國文化對「最新的」上了癮，假設最新的就是最偉大的，最新的就是最真實的。但可惜，最新的很快就變成昨日的故事。克勞奇提醒我們：

> 因此，盼望將來有一場革命或復興，以解決我們當代文化的問題，這通常都是錯誤的。這種盼望令我們特別容易受時尚（fashion）影響，誤會風向的轉變就是氣候的改變。風尚（fads）橫掃文化地貌，信徒投資極大的精力，委身於推動風尚，誤會那是真正的改變（頁 58）。

那麼，或許比起盼望一些將來的復興會改變世界，我們更應該強調基督徒製造文化的工作。有些人認為，改變世界的方法就是改變世界的世界觀（worldview of the world），克勞奇接受這種觀點，他根據的理論或許是「一個人怎樣思想，便是怎樣的人」。

這種觀點的問題是，新思想不等於新行為、不等於工作和改變事情。思想必須靠行動體現，而這需要艱苦工作。

如果你只是改變了馬兒的思想，你並不能改變馬兒跑的方向——你要轉動馬兒的頭！談論世界觀時，很多基督徒有分析麻木（paralysis of analysis）的毛病——我們花很多時間分析我們的思想和行為，卻從不解決問題，嘗試改變任何一方面。文化不單關乎思想，它也關乎實行，因此它關乎我們的工作。克勞奇提醒我們：

> 體現（embodiment）可能不像很多關於世界觀的書籍所說的那樣，會自然而然地隨思想而出現。漫畫家哈里斯（Sidney Harris）最著名的作品中，兩個科學家站在黑板面前，黑板上寫滿方程式。在方程式中間寫著：「接著奇蹟出現。」一個科學家向另一個科學家說：「我認為你在第二步這裏需要明確說明。」我們說「基督徒的異象可以轉化世界」時也一樣，只意識到基督教世界觀的徹底全面性（radical comprehensiveness），就能轉化世界嗎？還是中間有一個步驟，被太輕易地跳過了？……將文化化約為世界觀的危險是，我們可能會錯失文化最獨特的地方，那就是**文化中好的元素有其本身的生命**。它們以人類無法估量的方式重塑世界……用天主教作家羅爾（Richard Rohr）的話來說，世界觀的語言傾向暗示，我們可以透過思想，達至新的行為方式。但文化不是這樣運作

的。文化幫助我們以新的行為方式，達至新的思想（頁 62 ～ 64）。

克勞奇在這裏讓我們看到的是，改變文化景觀（cultural landscape）的惟一方法，是製造更多文化景觀，製造更多你認可的文化景觀種類。單單改變人們的文化觀念（他們的世界觀）並不足夠，雖然那是一個開始。

舉例來説，門諾會嚴謹派以他們的和平主義見稱，這部分歸因於他們認為人類不應該持有手槍。很多普通的美國人也不喜歡手槍，但如果你去俄亥俄州東部和賓夕法尼亞州（Pennsylvania）西部走訪門諾會嚴謹派的鄉間，你會發現，這些人不僅坐著討論擁有手槍有可能令小孩和其他人意外受傷有多糟，（接著是人們點頭同意）。不，他們的社區實際上禁止居民擁有手槍，這是他們嚴格執行的規則。

如果你花時間走訪門諾會嚴謹派的社區，你會身處一種沒有手槍的文化、氣氛、環境。除非外人拿著手槍出現在他們的社區中，否則沒有人會被這種東西射傷，沒有草莓店會被人拿著這種東西搶劫，門諾會嚴謹派的五金店也不會被這種東西威脅。如果有人隨意地威脅説要使用手槍，他可能會被關在廁所內，直到他恢復理智。單單擁有觀念和世界觀並不能改變世界；行為和艱苦的工作才能夠改變世界。當做事情的新方式取代舊方式時，文化改變便隨之發生。

克勞奇提醒我們，單單譴責或批評文化，並不能改變甚麼，除非我們有更好或更有說服力的東西取而代之。有時基督徒做的，只是抄襲文化，以為那會改變世界。讓我們看看基督教搖滾音樂的演變。

基督徒搖滾音樂工作者從沒有帶領過文化潮流；事實上，他們大部分人都跟隨潮流，只更換歌詞。我仍然記得那一天——我走進基督教書店，看見裝著基督教唱片和錄音帶的箱子上，貼著標語說：「X的歌聲像齊柏林飛船（Led Zeppelin）」，或「Y的歌聲像克羅斯比、斯蒂斯、納什（Crosby, Stills, and Nash）。」可惜，情況幾乎總是：X和Y不僅歌聲不及齊柏林飛船或克羅斯比、斯蒂斯、納什那樣飽滿，也沒有他們那麼有品味。模仿可能是最真誠的奉承，但它仍然是模仿，而不是充分的創造。基督徒音樂工作者需要找到自己的聲音，以高度原創性、技巧、卓越之處，製作自己的音樂。

現在的基督徒獨立樂隊、嘻哈藝術家，繼續大大借用世俗主流文化的音樂風格，甚至時尚觸覺。我以前在基督教音樂界工作，那時，我們總因為像格蘭特（Amy Grant）這樣的基督徒藝術家能夠「跨入」主流而興奮。我們以為，基督信仰終於有可能以這樣的方式轉化主流。可惜這事沒有發生。

基督徒在二十一世紀必須認真看待的其中一個任務，是製造文化；將工作和精力，貢獻給文化創造，令那些尚不是我們一分子的人，喜愛我們所創造的文化，並習慣我們所創造的文化。正如克勞奇警告我們，長遠來說，創意才是改變文化惟一可行的方法，而不是抄襲模仿。基督徒必須努力出產最好的藝術品、最好的電影、最好的社區、最好的餐廳、最好的運動員，不是藉著抄襲，而是藉著新穎、全新、有趣、改變生命的東西。

為免我們失望，讓我們看看我們以前有過的這類紀錄，例如咖啡文化。你可能會以為星巴克發明了咖啡文化，但實際上，咖啡最先由埃塞俄比亞的修道院配製，然後出口到北方和西方。「卡其布諾」（cappuccino）這詞指的是卡普希尼（Capuchin）的修士，他們的修道袍和這種咖啡的顏色一樣。咖啡最初是由基督徒配製的，但我們今天卻完全不知道。

## 創造文化

克勞奇不是說我們要從零開始。文化是累積的；它不斷建立在以前存在的東西上，它也從那些東西的再利用中生發。「當論到文化創意，單純（innocence）不是美德。我們愈認識自己的文化領域，愈可能創造一些新的和有價值的東西」（頁 73）。因此，克勞奇說，真正的文化製造，始於培養一種文化已經擁有，並且正在運行的好東西。要創造出好的新文化，我們不需要白費力氣，做重覆的事情。相反，我們需要熟習並促進我們所屬的文化傳統中好的方面。我們也要將麥子從稗子中篩出來，並肯定麥子的重要性。

我一生好些時間都花在製作音樂或聽音樂上。我可以告訴你，要製作出好音樂，需要很多實踐和保持良好的紀律。

有持久影響力的創意、能帶來改變的工作，很少是自然而然發生的或只來自天賦。如果基督徒真的想製造吸引人和受人喜愛的文化，吸引人歸向基督，便需要艱苦的工作、紀律，以及實踐、實踐、再實踐：

> 在每一個文化製造的行動背後，我們都找到無數保存文化的微小行動。正因為這樣，好的編劇會事先看一千套電影；率先使用新技術的外科醫生先前已進行了一千次例行的外科手術；要進行下一個投資項目的投資者會事先研究一千份資產負債表。文化創意需要成熟的文化配合（頁 76）。

除了不同程度的屈從文化、適應文化或拒絕文化外，基督徒還有其他選擇嗎？克勞奇認為有。他提醒我們，即使是在家裏教育孩子的基督徒，或普遍地避開現代文化中最令人反感部分的人，也是文化動物（cultural beings）。事實上，就連門諾會嚴謹派，也不完全避開主流文化。我居住在俄亥俄州阿什蘭（Ashland）時曾看到一幅很美好的圖畫，描繪一輛門諾會嚴謹派的馬車，停在麥當勞的外賣窗口。事實上，很多有分離主義傾向的基督徒，都駕駛汽車、看電視、看電影、參加體育活動等等。這最多只是選擇性地拒絕主流或世俗文化。

教會也不能逃避主流文化，特別是如果教會想繼續向那文化作見證。克勞奇提醒我們：

> 持基要主義的基督徒，就像持現代主義的基督徒一樣，沉迷在教會和文化之間一種吸引人但似是而非的區別中。他們不宣之於口的假設是，「文化」是可以從他們的日常生活和事務區別出來的，他們可以從中退卻，對之加以拒絕或譴責。在這方面，他們像周圍的人那樣現代，毫無批判地接受「神聖」和「世俗」之間的簡易區分。這種區分藉著分出一個不需要與宗教和宗教爭論交匯的公共生活的領域，從而為自由派服務；也藉著向基要主義者保證，他們可以完全迴避「世俗」的追求，從而為基要主義者服務（頁 85）。

在文化層面，這可能是基要主義者和自由主義者惟一有共識的地方。我們有時候會譴責文化（想想納粹或種族隔離的文化）、批評文化（想想推動反基督教價值觀的藝術）、抄襲文化（想想某些好的當代基督教音樂，它們很大程度上都是跟隨和抄襲更大的音樂趨勢），以及消費文化（參與我們文化中好的方面）。所有這些事情，都可以是我們身為基督徒需要做的部分工作。克勞奇號召我們做的，是創造文化，這和前面提到的任何活動都不一樣。事實上，他向我們提出了一個富感染力的號召：成為上帝最初呼召亞當和夏娃成為的人——世上一切美好、真實、美麗的東西的創造者和培育者，無論這些東西在哪裏。

## 從無中創造？

克勞奇談及的大部分創意都不是「從無中」創造，像上帝創造世界那樣，而是從先存的物料創造出一些東西。沒有人會誤會美麗的硝石水壺只是一塊黏土，但它卻來自黏土。介於兩者中間的是窰匠，他將濕潤的黏土，模塑成它本身沒有能力變成的東西。要創造好的文化，需要智慧、技巧、想像力，雖然今天我們使用「創意」這詞時，往往只強調想像力那方面。我往往在想，如果人們以智慧、技巧、創意處理他們的正常工作，會有甚麼事情發生？當然，有些人確實是這樣，有時也完成了了不起的任務，製造了了不起的東西。

我在新加坡時，有人給我一支沒有電池的手電筒。它沒有太陽能電池，也沒有電插座。它實際上像你用來鍛煉雙手的器具。你只需要不時擠壓它，用機械能作為燈泡的能源。這手電筒不需要我們不斷注入人工製造或化學的能源。它不會產生廢料。

上帝實際上期望我們有創意，這不單因為我們按著上帝的形象受造。克勞奇指出創世記第二章中，上帝將動物帶到亞當面前，要亞當為牠們命名。當然，上帝可以為牠們命名，並給亞當一本動物學辭典，但祂沒有這樣做。祂希望祂的人類受造物參與創造的行動。這就是亞當最初的部分工作

（頁 108）。

> 為了讓人類發揮其培育者和創造者的角色，上帝主動以某些方式，從祂自己的創造中引退。祂留下空間給人為動物命名；祂留下空間給男人和女人彼此認識，探索園子。祂甚至給他們自由——可悲但卻有必要——誤用他們的創造和培育能力……上帝給人類的第一份和最好的恩賜是文化，在文化的領域中，人類自身將成為培育者和創造者，最終為自然世界的那位最大的培育者和創造者的宇宙目的（cosmic purposes），作出貢獻（頁 109）。

我仍記得世上還沒有冷氣機的日子。那是北卡羅萊納州維爾明頓（Wilmington）炎熱、潮濕的夏夜，我躺在敞開的大門前面的木地板上。我希望第二天早上有點微風，但到了早上，不但沒有風，前院的空氣更是悶熱黏膩！當我們用冷氣機消暑時，所有像我這樣的南方人都說：「好哇！」除非我們開墾世界，除非我們創造東西來幫助我們應對世界，除非我們將一團糟的環境變成園子，否則對人類而言，世界將會是一片荒野。這就是克勞奇號召我們去做的，他說這是上帝最初給我們的原始任務。我們必須在世界創造出一些東西，而不是單單欣賞它。雖然大自然可能討厭真空，但我不討厭真空吸塵器，因為整理、清潔、美化、創造，是人類任務的其中一部分。

在其中一個更有趣的洞見中，克勞奇指出，雖然上帝要亞當成為園丁和治理者，但蛇引誘他成為消費者，而不是創造者和培育者。「當看到亞當和夏娃以為果子可以帶來『智慧』時，我們只能失望歎息，雖然我們看到當代廣告商也用同樣不可能發生的事來說服我們，要我們消費他們的化粧品、汽車或香煙」（頁 113）。

原來，擁有上帝的形象不單表示我們能與上帝建立個人關係——這是其他受造物沒有的——也表示我們像上帝那樣，能成為小小的創造者、文化的製造者、園子的開墾者，以及從混亂中創造出秩序（正如創世記十一章的巴別塔故事所記載的）。

或許克勞奇對我們最有幫助的洞見是以下這一個：

> 耶穌就祂的使命說了一個文化意義深遠的短語：**上帝的國**。當君王在社會中已經不存在，或者在君王只具備象徵意義的時代，人們很難重新掌握**國度**的觀念。但對當時當地的猶太人來說，國度的觀念則意義重大得多。當耶穌宣告上帝的國臨近時，當耶穌講述國度的比喻時，祂不單在傳達「好消息」，彷彿祂惟一關心的，是傳達一些新資訊。祂的好消息預告社會生活的全面重建，這改變可以與一個君王繼承另一個君王時百姓經歷的事情相比。上帝的

> 國會觸及文化的每一領域和每一規模。它會重塑婚姻和用膳時間，重塑人們對羅馬佔領者的抵抗和在聖殿的禱告，重塑妓女的社會地位和法利賽人的敬虔，重塑潔淨的意義和關乎疾病的詮釋，重塑營商的正直和禱告中的誠實（頁 138）。

## 國度：創造文化

原來，如果我們想真正從國度的角度明白工作，就必須看耶穌怎樣做。上帝的國來到，不是說新的統治者或行政司法長官來到，更好地鞏固現存的法律和規則。不，這位君王乃是來潔淨房屋，建立和培養一種新的社會生活，因此創造出一種新的文化——一種歸信的文化、新的創造，以及這其中涉及的一切。其中有趣的地方是，其主要的工作，至少在一開始時，是重塑人類。耶穌最想重塑、重造、重整的文化製成品，是人類本身。祂來主要不是為了成為木匠，也不是要興建新的聖殿，或建立新的政治制度或政黨，或引入新的衣服、藝術或食物。祂來給人類新生命。難怪保羅稱祂為新亞當。但人成為新造的人後，那會怎樣？工作、製造文化經轉化後，是怎樣的？

讓我們看看最後的晚餐、客西馬尼園、十字架。基督來到的主要工作不是做事（doing），而是受苦（suffering）。與第一個園子的亞當不同；耶穌來不是要消費（to consume），而是要被消耗（to be consumed）。祂來不是要實行祂自己的旨意，而是實行上帝的旨意。祂來不是要吃那帶來知識和死亡的樹上的果子，而是被釘在樹上，那樹上的果子先是死亡，然後是生命（頁 141）。

> 世上所有的創造者和培育者中，耶穌是最能夠透過自己的天賦和能力模塑文化的——但祂生命中最能夠模塑文化的事件，是祂選擇放棄祂的天賦和能力。復活向我們顯示了按上帝的形象製造文化的模式：不是能力，而是信靠；不是獨立，而是倚靠。第二亞當對文化的影響，來自祂最大的倚靠行動；以色列面對那威脅她存在的強大權勢時，蒙召展示其信心，而這個呼召的實現，體現於耶穌在羅馬人的十字架前的順服，因它的權勢而破碎，也永久粉碎了它的權勢……在上帝的國中，一種新的生命和新的文化變得可能——不是藉著放棄舊的事物，而是藉著轉化它們。即使是十字架這文化能夠做的最壞的事情，也被轉化成上帝的國的記號。上帝的國是赦免、憐憫、愛、堅不可摧的生命的領域（頁 144～45）。

基督徒似乎往往忘記的一件事是，無論他們發覺與否，他們都在作見證和製造文化。每個羣體都有一種存在的方式、一種精神、一種改變世界的方式，基督徒也不例外。他們視自己為信仰的家庭；像任何家庭一樣，他們有他們的掙扎和與彼此的差異。基督徒面臨的評價，乃根據他們在世界生活的方式，以及他們怎樣理解世界，而不是他們刻意的見證。他們面臨的評價，乃根據他們的工作倫理——他們有沒有努力工作？有沒有準時上班？是否不怕艱難也不抱怨？是不是誠實和正直？

世界、同事、上司都在觀看。在人們觀看我們時，我們做了甚麼，以及怎樣做，呈現出我們是否尊崇基督。如果我們所做的，只是抱怨，包括抱怨我們文化的問題，人們也會留意到。我們也可以穿上寫著「為了耶穌令你掃興」的T恤——如果我們是這樣理解和對待世界的。

基督徒即使在工作時，也不視自己為製造文化的人，我懷疑原因之一，是他們認為基督教應該是普世的宗教、百搭的宗教；他們是來自各國各族、操各種語言的信徒羣體，而不是有特定的文化踐行的人，像猶太教或印度教。基督徒似乎以為真正的基督教是跨文化的，因為它是多種族的。但事實並非這樣。不同形式的基督教，都有其本身的精神、製造文化的方式、理解世界的方式、在更大的文化中塑造環境的方式；在其中，與基督信仰相關的事情得以生發、盛行，這當然包括崇拜。崇拜是製造文化的至高表達。非洲裔美國人的崇拜，往往與市郊中產階級的崇拜十分不同。我們要明白的是，無論我們在工作還是在教會崇拜，都是在建立一種文化，或幫助推動，或阻礙國度的臨到。

## 本色化：你能發掘嗎？

基督徒要明白的一個關鍵詞是「本色化」（indigenization）。基督教可以被本色化，以多種文化形態呈現。克勞奇這樣說：

> 正如學者薩內（Lamin Sanneh）指出，這種可譯性（translatability），明確地區分了基督教和伊斯蘭教；伊斯蘭教要求人們以原本的語言閱讀古蘭經。而福音書雖然深深植根於猶太文化歷史，但每個人都能以「母語」閱讀它。沒有文化是它接觸不到的——因為以色列獨特的文化故事，從來就是一個給世界所有文化的拯救使命，這使命由世界的創造者發起（頁155）。

正是這種「可譯性」和「本色化」，令基督徒幾乎可以在任何地方，做任何值得做的美好工作。基督徒有一種自由，是其他宗教羣體沒有的，這是因為基督教「以不同的方式運作」、因為它以不同的方式建構文化、因為它能夠適應和採用不同文化的最好的元素，但同時仍然忠於它的特質和教義的本質。

假設我們再次以初代教會的方式呈現基督教，我的意思是，如果我們認真視彼此為一家人，互相照顧，那會怎樣呢？在失業率上升的文化，如果教會照顧孤兒寡婦和失業的人，分擔他們的擔子，會有甚麼事情發生？如果基督徒羣體不單這樣做，更歡迎陌生人，幫助他們，預備走額外的一里路，那會怎樣呢？如果教會成為聖所和避難所，而不單是身為主的羊的我們相遇、問安、訴説、進食、排泄、退修的地方，那會怎樣呢？

在中世紀或中世紀以前，基督徒在疫症時期為陌生人提供醫療護理服務，異教徒神職人員和醫護人員則從大城市中逃走。基督徒為窮人提供食物、衣服、居所。他們沒有將這些責任交給政府。他們積極地創造自己的「工作和服事的世界」。他們聚在一起，在疫症、饑荒、地震等自然災害期間同生共死。他們沒有得到政府的幫助，也沒有等保險公司的賠償，令他們可以脱離困境或重建家園。他們只是捲起衣袖做事。

> 教會並沒有法術和靈丹妙藥去醫治疫症。但原來人能戰勝可怕的疾病，與這人是否得到生存的必需品大有關連。僅僅為鄰舍提供食物、食水、友誼，基督徒已令很多人能夠以自己的免疫系統有效地對抗疫症。施塔克（Rodney Stark）進行了一些與死亡有關的統計，找出基督徒和他們的鄰舍，與沒有得到照顧的不幸異教徒之間的「死亡率差別」。他得到的結論是：「有意識的護理——即使**沒有醫藥**——可以將死亡率減低三分二，甚至更多。」結果是，連續

> 的疫症橫掃一個城市後，留下的人有很多都是基督徒或患病且得到基督徒鄰舍照顧的異教徒。而他們的家人和朋友許多都死於疫症，難怪這些要找新朋友和家人的鄰舍，會自然而然地接受基督教信仰。教會的增長不單因為它在人們面對可怖的事件時宣告盼望，也因為它對那些患病和瀕死的人採取的一種新取向所帶來的文化影響——願意照顧病人，即使面對死亡的威脅（頁156）。
>
> 當我們面臨現時的經濟危機，教會再次有機會製造和改變文化，建立一個世界，更好地見證基督，祂說：「這些事你們既做在我這弟兄中一個最小的身上，就是做在我身上了」（太二十五40）。

## 新耶路撒冷作為文化製成品

如果啟示錄二十至二十二章告訴我們的是，在國度中，人類和他們的文化會得到淨化和拯救，那會怎樣呢？如果有人告訴我們，不單自然和人性將得到提升，人類的文化也將得到提升，那會怎樣呢？克勞奇說，啟示錄的故事終結於一個城市——最終的文化製成品，正是指向這個方向。留意，這個城市的建成，有賴於自然物件被轉化成文化製成品——寶石變成國度中的珠寶，大量人類的出產中最好的東西都被帶到城中，歡慶君王回來。

我認為克勞奇的看法是對的，他說將來的世界不會像我們預期的那樣與我們自己的世界十分不同；只是世界不再被罪、疾病、哀傷、病症、腐朽、死亡籠罩。我更認為，那時人們將會有很多工作要做，例如摘中央河道兩旁所有樹木的果子，這些果樹不需要任何滅蟲劑或人工製品。在國度中，所有事物都是天然的，都是榮耀的，是人類和文化中最好的東西。留意在新耶路撒冷中，自然怎樣興旺，自然怎樣融入永恆的城市。我們不需要在城市和鄉郊、這裏和那裏、這時和那時之間選擇其一。一切都會同時存在，賜予所有人。

在討論啟示錄的結尾時，克勞奇集中討論人類的工作及其重要性，以及它潛在的持續力和影響力。讓我們看看他怎樣說：

> 關於我們自己的文化創意和文化培育，我們應該提出同樣的問題。我們有沒有創造和培育一些事物，是有機會裝飾新耶路撒冷的？我們將生命奉獻在其中的文化製成品——我們烹煮和消費的食物、我們購買和彈奏的音樂、我們觀看和製作的電影、我們從中賺到薪金和將財富投資在其中的企業——可以被稱為我們文化傳統的榮耀和尊榮嗎？還是人們至多只會記得它們有多平庸，甚至是死胡同？這與問我們是否在製造「基督教」文化並不相同。「基督教」文化製成品肯定會像「非基督教」製成品一樣，經過

相同的篩選和判斷。這也不完全關乎誰負責文化製成品，以及他們信靠甚麼，這尤其因為每種文化製成品，都是集體的成果。很明顯，新耶路撒冷的一些文化製成品，會是由不接受羔羊的邀請的人創造和培育的，這些人不以祂的公義替換他們的罪，但他們最好的製成品會存留。我們將生命奉獻其中，從而製造出的文化產品，也像他們製造的那般美好嗎？

對我來說，這是文化責任的標準，它比基督徒普遍衡量我們的工作意義的方式，要求更高，也更有解放作用。當我們衡量自己工作的價值，我們設定的時段總傾向太短。我們問：這本書會否得到關注？這間商店的季度盈利是否可觀？這合約會否被接受？這當中有部分是有用的過渡步驟，可以評估我們的文化工作有沒有持久價值；但如果我們不同時留意上帝救贖目的之長遠視域，我們短期的評估便可能帶有誤導性。另一方面，當我們知道新耶路撒冷將會以每種文化中最好的東西為裝飾，我們就能夠釋懷，不需要為自己所做的一切，都賦予「宗教」或佈道的解釋。我們只需與我們的先輩和鄰舍一起，盡所能令世界變得最好。如果他施的船和米甸的駱駝在新耶路撒冷有一席之地，我們的工作，無論多麼「世俗」，也有一席之地（頁 170）。

## 在世而不屬世，還是世外桃園？

基督徒和他們的工作及其文化製造，在某種意義上，可以歸結為基督徒怎樣**在**世上生活而不**屬於**世界。這樣在高空上走鋼索，卻又不至倒向任何一邊，是怎樣做到的？

令人驚訝的是，基督徒在美國所做的，是單單美化美國文化，稱它為好的，然後接受它為自己的文化——給某些人自由、公義，以及熱蘋果批。這導致福音被扭曲成「成功福音」(prosperity gospel)或「健康與財富福音」(health and wealth gospel)，這些觀點提倡，上帝以物質財富保守祂所愛的人。這個情況令我想起古老的《蹦跳》(*Pogo*)漫畫，當中蹦跳從戰場回來，向將軍報告說事情不妙。他說：「將軍，我看見敵人了。敵人就是我們。」現實似乎是，教會被文化改變，多於文化被教會改變，無論我們多麼努力嘗試。

我喜歡帶學生到聖地進行跨文化旅程，刻意帶他們到他們會有文化迷惘(cultural vertigo)的地方，例如讓他們站在盧克索(Luxor)的宏偉聖殿前，凝視古埃及的象形符號，傾聽鄰近的清真寺發出的號召穆斯林禱告的聲音，與此同時，一隻眼睛注視一羣日本遊客在右邊拍照，另一隻眼睛注視一羣德國人在左邊留心聆聽。當他們突然產生文化迷惘時，大部分美國人都尋求安慰食物(comfort food；編按：人傷心或焦慮時吃的食物)。我記得有一次旅程，導遊指示我的學生看路的另一邊說：「那裏是美國文化大使館。」我們都把頭轉過去，那裏有一家麥當勞——我的一些學生開始流口水。難怪我們基督徒沒有怎麼改變我們的文化——我們太喜歡它本來的面目，它的瑕疵、皺紋，它的一切。我們出口到世界各地的少數普及文化製品之一，是巨無霸漢堡包，這是對美國多麼可悲的評價！

為了以基督信仰的方式更新事物，正面積極地成為文化製造者，我們需要提出正確的問題。克勞奇提議我們以這些問題開始：

> 上帝在文化中做甚麼？
> 祂對「可能性領域」和「不可能性領域」，持有甚麼異象？誰是有好消息傳給他們的那位窮人？誰是蒙召在相對弱勢的人旁邊使用自己能力的那位有能之士？不可能的在哪裏變得可能？（頁 214）。

## 三……十二……一百二十：論改變文化

有一句老生常談是這樣說的：所有政治都是在地的（local）。而像大部分老生常談一樣，這句話有些真假摻合。但我認為，所有工作都是在地的，而大部分工作實際上都會成就一些事情。當我們與其他人合作時，有時是與少數人合作，有時則是與很多人合作。克勞奇提醒我們，最值得做的事情，都是從小做起的，包括製造文化的工作。當談及一個三人的圈子，接著是十二人的圈子，然後是一百二十人的圈子可以有的影響時，他這樣說：

> 「三：十二：一百二十」帶來的重要洞見是，每個文化創新，無論影響多麼深遠，都是建基於人際關係和個人委身。文化製造是艱難的，它絕對需要相對少數的一羣人深深地投入其中，否則文化製造不會發生。在文化製造中，大小的重要性剛好顛倒過來。只有一小羣人可以維持注意力、精力，堅定不移——這是創造那能真正推動「可能性視域」的東西所需要的，因為創造那文化產品，需要一種懸置的能力（ability to suspend）——至少維持一段時間——懸置一種讓其他所有人都在其中運作的視域。這種「不可能性的懸置」是累人和勞神費勁的，惟一有能力支撐它的，是由人組成的羣體。要創造一種新的文化產品，必須有一個小羣體（頁 242）。

這一點最驚人的是，它描述了耶穌著手改變世界的方式——由三個門徒組成的核心內圍（彼得、雅各、約翰），以及一個稍為大一點的，由十二人組成的圈子，然後是復活節後，一個有一百二十人的羣體（徒一 15），那時教會即將誕生。克勞奇不是根據分析聖經從而得出這三個數字，而是根據社會學分析，研究在大部分情況下，文化改變和文化製造怎樣生發。它從細微之處開始，伸展出去，好像池塘，有一塊小石頭落到其中，生出漣漪。關於這點的好消息是，所有真正重要和帶來改變的工作，都是從細微之處和本地開始的。看看加爾各答的德蘭修女（Mother Teresa of Calcutta）的榜樣。她沒有賣廣告，即使這樣，最終世人卻絡繹不絕地拜訪她。

或許你還記得電影《六度分隔理論》（*Six Degrees of Separation*），它的命題基於一個理論，這個理論主張我們與地球上六十億人的距離，只是六個人的差距。這理論相當正確，它證明了互聯網世界的人際關係和工作，可以不斷擴展，影響全球。這是我經營網誌的其中一個原因，它完全不涉及花錢賣廣告，但卻可以讓全世界任何有互聯網的人免費看到。互聯網是我生平所見最能夠改變和重塑文化的事物。它有正面和負面後果。舉例來說，它導致很多我喜愛的唱片店漸趨式微，事實上，它可能也打擊了大型唱片公司，最終也影響了光碟的生產，因為愈來愈多人只下載他們喜歡的歌曲。

當基督徒工作，回應上帝的呼召，踐行自己的召命、事奉，卻同時無視文化的改變，對自己作為文化製造者一無所知，如此，即使他們的勞動並非徒然，也肯定沒有充分發揮他們可以為主成就的。這是克勞奇那使人眼界大開的書那麼重要的其中一個原因。他為我們提供一扇窗，讓我們看到關於製造文化和改變文化，哪些是世界運作的方式，哪些不是。不過，為免我們忽視重點，克勞奇強調那不單關乎人際關係。它最終關乎創造羣體，基督的身體。所有事奉和宣教的目標，是令基督的身體增長，令更多人與上帝有正確的關係，全心實現他們愛上帝和愛鄰舍的使命。

我完全同意克勞奇所說的，如果我們要界定基督徒的工作，神聖與世俗對立的二分法是不管用的。任何美好和敬虔的工作，任何值得做的工作，都可以榮耀上帝，造就人類。我們做任何這樣的工作，都是全職事奉。

> 我們的文化創意的本質究竟是宗教的還是世俗的？——這根本是錯誤的問題。正確的問題是：當我們從事某工作且相信那是自己的召命時，我們是否經歷到喜樂和謙卑？這喜樂和謙卑只在上帝令我們的工作倍增，以致它結出三十倍、六十倍、一百倍的收成，超越我們那微小的投入可以期望的收成時，才能經歷到。召命——呼召——成了「辨識的過程」的代名詞，檢視我們工作所結的果子，看看它們是否那種果子，並且盡我們一切努力，在最能夠多結果子的地方，播下新一輪種子（頁 256）。

這整個討論令我想到朋友賴特（N.T. Wright）的一段話。他說：

> 如果我們要成為國度的宣告者，示範「身為人類」（being human）的新方法，我們也要背負十字架。這是一個古怪或黑暗的主題，也是我們身為耶穌的追隨者與生俱來的權利。對基督徒來說，模塑我們的世界，從來都不是指自大傲慢地走出去，以為我們可以做這工作，根據我們心目中的某個模式重整世界。它關乎分擔和背負世界的痛苦和疑惑，讓上帝在基督裏成就的、那被釘十字架的犧牲的愛，正好可以在其中醫治世界……因為正如祂自己所說，跟隨祂，就要背起十字架。正如新約一再告訴我們，我們要作好準備；要在祂的基礎上建立，就要將十字架，一再刻在我們生命和工作的模式上。[5]

在我們結束這關於工作和文化製造的一章時，讓我們看看詩人的一些發人深省的良言。詩人告訴我們，除非主建造我們的房屋，否則我們只會枉然勞力（詩一二七1），或者，用詩篇九十篇17節的話說，我們應該祈求主堅立我們的手所做的工，令它們有永恆價值。某些東西是否有價值，不單要看它能否經得起時間考驗，也要看它能否經得起主的考驗，我們所有的工作有一天都要經受這個考驗（參林前三章）。世界上值得做的工作，必須是主認可的工作，以至祂會對你說：「好，你這又良善又忠心的僕人……可以進來享受你主人的快樂」。

---

本章曾以論文形式出版，題為「文化珍珠」（Cultural Pearls），收錄在 *The Bible and the American Future*, ed. R. Jewett (Eugene, OR: Cascade Books, 2009), 237～266 中。

# 7

# 新的平衡：工作與信仰、休息、玩耍之間的關係

當園藝不再是業餘愛好，變成了沉迷，麻煩就來了。

麥金利（Phyllis McKinley）

一個沉浸在思考中的人，不是無所事事；有可見的勞動，也有不可見的勞動。

雨果（Victor Hugo）

## 信仰與工作對立？

當我們思考信仰和工作的關係時，將神聖與世俗二分會帶來災難。因為人們通常假設工作屬於世俗範疇，而個人工作與個人信仰之間的關係卻又懸而未決，或者更糟的是，人們假設兩者無關。如果這應用在那些採取「一次得救，永遠得救」這個立場的人身上，便特別有問題；他們假設一個人一旦得救，其行為和工作便完全不影響其救恩。神學家也犯了協助及教唆的罪。詹森這樣說：「如果基督教神學迴避工作這個課題，便表示基督徒生命的一大部分——花在工作的時間——遠離信仰的核心。」[1]

但詹森無意間也加深了這個問題，因為他補充說：「人類的工作永遠不能為上帝已經成就的工作減少或增加甚麼，」[2] 這等於說，我們的工作，只是回應上帝的工作（因此他的書名字叫《回應性的勞動》〔*Responsive Labor*〕）。這樣說的問題是低估了我們的工作。我們實際上是基督在地上的身體。我們正確地做我們的工作時，那是上帝的工作，我們做的是基督的工作，由聖靈加力，由基督的榜樣啟發，由上帝的道引導。保羅甚至說，他自己從事的那令他受苦的工作，是要為基督受苦（參腓一29），他將我們的工作十分緊密地連繫到基督在十字架上的作為。

毫無疑問，上帝可以選擇在沒有我們參與的情況下救贖世界和引進國度，但祂沒有這樣做。祂選擇以我們作為祂的器皿，做祂的工作。因此，如果我們的工作是美好和敬虔的，便永遠不應只被視為對上帝的作為的回應，雖然它往往是這樣。我們所做的事情有可能影響上帝的工作，或妨礙或幫助，或增益或破壞。保羅完全清楚這一點，因此他在羅馬書十四章20節勸誡大部分羅馬的基督徒：「不可因食物毀壞上帝的工程。」這點在哥林多前書三章9節說得最清楚：「因為我們是與上帝同工的。」或者看一看以弗所書二章10節：「我們原是他的工作，在基督耶穌裏造成的，為要叫我們行善。」是的，事實上，上帝的工作和我們的工作相連，這不僅是我們回應上帝的工作，甚至不僅是上帝在我們裏面，令我們能夠行善，雖然這兩者都是真的。當然，說「上帝只能透過我們的手施展作為」(左勒〔Dorothee Sölle〕)是不正確的，但上帝確實選擇使用祂百姓的手、手臂、腳、意志、憐憫，在地上行出祂的旨意。

不過，詹森說，將工作定義為「我們受薪去做的任何事情」則太狹窄了，他是對的：

> 不過，這樣將勞動化約為工資，排除了大量那些長期被人忽視或視為次要的工作：照顧孩子、清潔房屋、照管花園，所有那些佔據我們生命卻沒有金錢補償的家務……如果將工作定義為受薪的勞動，則忽略了世界上很多工作，並將數以百萬計的工人邊緣化。[3]

資本主義其中一個最差的副產品（當然它也有一些好的副產品）是，它教導我們根據工作是否得到好的報酬來衡量工作，而不是根據工作的善或用處。在我們的文化中，工作的「價值」來自它的交換價值（exchange value），而不是來自它在上帝眼中的實際用處。這點在以下情況顯得特別明顯。專業運動員只不過以運動娛樂我們，從而賺到多得荒謬的金錢。即使是腦外科醫生和美國總統的收入，也比不上很多體育明星。這是荒謬的，但當某些東西的價值來自於人們願意支付多少錢，以及人們對它的需求時，就是這樣。但墮落的人類渴望和渴求各種無價值，甚至不道德的事物。人們大量需求多糖而沒有營養價值的汽水，卻不思考這種東西應否被生產，或我們應否消費它。我們的經濟建基於需求、慾望、慾求、渴望，以及需要，這一切並非都是好的，或對我們有益。

## 工作：問題和異常狀態

當我們嘗試掌握自己的工作態度時，其中一個問題是，在電腦時代，工作對很多人來說都改變了，而且不一定變得更好。今天，很多人的工作經驗都像漫畫《呆伯特》（*Dilbert*）一樣。在一幅又一幅的漫畫中，我們看見人們在斗室中工作，遠離雇主，或許甚至遠離其他人，面對著無盡令人麻木的電腦工作，而且很多都純粹是官僚式的。我兩個孩子都感到這漫畫很幽默，這是有原因的。按他們的經驗來說，這是真的，因為他們兩人每天都在這樣的斗室中做這樣的工作。

有趣的是，在這樣的環境下，工作的滿足感主要不是來自更好的待遇或定期升職，雖然這樣有幫助；而是：(1)上司對個人所做的事情一再表示欣賞；(2)有機會嘗試不同的崗位及接受再培訓——在可見的將來，自己不會困在現時的工作中；(3)上司認可個人的恩賜和恩典，以及提供教育機會，使自己成為更好、更有技巧或更多元化的員工。

這三個因素的共通點是，員工都得到個人化的對待，員工被視為有潛質和有能力的人。如果工作帶來連繫，而不是孤立，如果工作帶來良好、正面的關係而不是疏離，它可以令人得到工作的滿足感。很多人留在他們本來可以離開的工作崗位，只是因為他們享受自己所做的事，以及喜歡一同工作的人。當工作能夠創造一個團隊或一個羣體，眾人相信他們為了世界的好處在做一些重要的事情時，便不會令人麻木或消磨意志。它令我想起近期 ESPN 的一個廣告，在其中，「摩爾」(Billy Moore)顯示個人怎樣可以在工作期間在電腦看體育活動，而兩個雇員的回應實在太發人深省了。一個男人說：「工作時看體育活動，實在比工作時做事好得多！」一個年輕女性說：「現在我的工作沒有那麼折磨人了。」毋庸多言，這些都是對工作和在「工作」時完成的事情十分負面的定型。

在使人充滿生命力和熱情的工作的另一端，是令人筋疲力盡，承受極大的壓力，帶來嚴重的健康問題，有時甚至導致死亡的工作。是的，有些人工作至死，這尤其因為他們沒有學會平衡工作和休息、工作和玩耍。良好和高效的員工要學會作息平衡。對同事、雇主、工作本身不存信心和信任，會帶來不同的病症和疾病，影響身心。

詹森強調的其中一點，能夠幫助我們認清基督徒應有的工作觀。那就是，身為基督徒：

> 我們永遠不應被化約為我們個人的勞動。我們身分的真正來源，不是我們的工作，而是在基督的名裏收養我們為兒女的上帝。我們不在工作中創造自己。上帝已經在愛中創造了我們；我們的工作其中一部分是對上帝富創意的愛的回應。我們的身分，不是來自我們所做的事，而是來自我們屬於誰。[4]

這當中有重大的真理，但卻不包含全部真理。上帝的確創造我們去工作，完成美好的工作，而我們在基督裏的再創造，部分也是為了做好的工作。因此，鎚子模塑雙手；我們所做的，模塑我們的身分，而不單模塑我們的身分認同感。

## 關於工作的文化迷思：被消費所消耗

詹森要致力反駁的一個迷思，是工作令我們自由，或工作至少給我們自由消費，並得到身分。雖然在籠統的意義上，「我們由我們所吃的東西定義」(we are what we eat)，但這實際上並沒有告訴我們太多關於我們自己的身分的事情。如果我們身分的核心是購物或消費，便有很大問題。當我們沉浸在消費中，我們的身分不是被加強，而是被消減。如果我們以自己的胃口和需要來定義自己，我們對自己的看法便會愈趨貧乏。

另一個迷思是，在科技時代，我們很可能有更多空閒時間。其實，「每一代的科技進步(內燃機、電器、電腦、電郵)的奇特之處，是設計出來的設備——至少有一部分——本想減少人的勞動，實際上卻製造更多工作量！」[5]美國人面對「節省勞力」的科技，結果是要完成更多工作，難怪有三分二的人都感到工作過勞(以及薪金過低)。以電郵為例，這真是驚人的現象。在一九九○年代，我開始收到一些電郵。今天，在平常的一天，不計算垃圾電郵，我很可能要處理五十封電郵。想像一下你家裏的信箱每天都有五十封信，由不重要到十分重要的都有！無論我們怎樣削減，我現在花在電腦上的時間，都比二十年前長，但我仍然要像以前一樣，完成同等份量的教學工作和其他專業活動。關於節省勞力的設備，好的一面是，它們將人墮落後的部分影響和勞苦，從我們的勞動中除去；壞的一面是，當它們令勞動變得更輕鬆，它們也令人要完成更多勞動。「進步」——這是一個不可靠的詞語——並不保證人們少一些工作，而是保證更多工作。

詹森的評論較有趣的一點是，在我們的日曆中，聖日（holy days）的消失和假期的減少。一個評估顯示，在中世紀，高峯期時，即使是勤勞的農民，一年也只工作大約一百八十天；而隨著工業革命來到，我們工作的日子大幅增加，一年超過三百天！正如詹森所說，我們似乎假設「我忙故我在」。[6]但工作、工作場所、星期的世俗化卻損害我們，最先受到威脅的是休息和復原、慶祝和建立羣體的時間。原來美國是惟一沒有法例規定工人假期數目的發達國家。就連充滿工作狂的日本，也要求雇主每年給雇員二十五天假期。

一項研究顯示，在二○○一年，美國工人一年平均至少工作一千九百七十八小時，或者每天工作三百二十五分鐘。一天有一千四百四十分鐘，一年有五十二萬五千六百分鐘，或者八千七百六十小時。如果我們扣除二千五百五十五小時的睡覺時間（平均一晚七小時），便餘下六千二百○五小時。這表示在二○○一年，我們至少花了三分一時間在工作上，而這還沒有計算我們花在吃飯、交通等的時間。

正如詹森頗為詳細地顯示，我們提高工作比率（work rate）和生產力的原因是，自從一九五○年開始，我們便想消費更多，因為廣告刺激愈來愈多的消費。很久以前，賽耶斯（Dorothy Sayers）便一語中的：「當一個社會的消費需求來自人為的刺激，藉以令生產能夠維持，這是一個建基於垃圾和廢物的社會，這樣的社會是建造在沙土上的房屋。」[7]

論到工作，我們面臨這些深刻的神學和倫理問題，其中一個原因，是我們沒有恰當地重視工作的工人。正如詹森正確指出，所有工人都是按著上帝的形象受造的，我們必須將他們當成人看待，而不是把他們當成達到目的的工具：

> 基督徒的工作觀，首先和首要會強調工人本身的價值。重視工人——多於盈利和效率——是必須的，因為每個工人都是獨一無二地按著上帝的形象受造的。工人的價值不單來自他們所做的工作，也建基於他們之所是，以及他們屬於誰——上帝。[8]

堅持重視工人這立場，可以歸納為幾點。基督徒雇主必須視雇員為按著上帝的形象受造的人。這包括給他們足夠、可以維生的薪金，體諒和憐憫他們。基督徒雇主知道，我們都是上帝創造的，上帝在觀看我們。

舉例來說，讓我們看看保羅在以弗所書六章7至9節就「主人與僕人的關係」對主人說的話：「甘心事奉，好像服事主，不像服事人。因為曉得各人所行的善事，不論是為奴的，是自主的，都必按所行的得主的賞賜。你們作主人的，待僕人也是一理，不要威嚇他們。因為知道，他們和你們同有一位主在天上；他並不偏待人。」我認為這對基督徒雇主提出十分高的道德標準，他們蒙召重視雇員，善待他們。

或者讓我們看看邁亞密一間銀行的行政總裁阿貝塞（Leonard Abess Jr.）的例子。二〇〇九年二月十四日，《邁阿密先驅報》（*Miami Herald*）報導了一個關於他的發人深省和驚人的故事：

> 去年十一月出售了以邁亞密為基地的「城市國家銀行」（City National Bancshares）的大部分股份後，他將收到的六千萬元——這等於從自己的腰包拿出六千萬元——交給公司的出納員、記帳員、文員，以致每一個人。三百九十九名職員全都得到花紅，他甚至找到七十二個前雇員，讓他們也分享這筆橫財。長期雇員收到的那些花紅——根據服務年期計算——數以萬元計，有些更超過十萬元。在金融大亨被國會傳召，要他們解釋為甚麼收了納稅人的援助後，還將數以十億計的金錢分給管理層當花紅時，這個慷慨的銀行家無私的行為，顯得十分另類。
>
> 布德（Evelyn J. Budde）在佛羅里達州的城市國家銀行工作了四十三年，升到副總裁。他說：「我七年前退休，現在突然收到這了不起的信和電話。」佩里（William Perry）在城市國家銀行工作了超過四十三年，由門房晉升到副總裁。他說：「我感到震驚。」和城市國家銀行的很多長期雇員一樣，他一直留在銀行，直到退休。佩里每年都參加雇員的周年晚宴。

> 阿貝塞沒有公開自己所做的事。他甚至沒有在銀行出現，在分發花紅信封那天享受雇員的感激。不久，信件便如雪片飛來。後來有人問他是甚麼催使他這樣做，他說他一直都希望找方法回報雇員。他在決定出售銀行前，曾經想過實施雇員認股計劃。他說：「那些加入我的銀行並和我一起留下來的人，資產並沒有得到保障——我總在想，有一天我要嚇他們一跳。我肯定不需要（那些金錢）。」

相對於那些在公司虧本，雇員紛紛被裁時仍領取百萬花紅的行政總裁來說，上述行為才是基督徒雇主應有的行為。當然，這間銀行必須是成功的，並有盈利，才能夠這樣做。而基督徒雇主應該持守的標準是：「多給誰，就向誰多要」。身為基督徒，我們需要採取的立場是，我們得到賜福，藉以成為別人的祝福，包括在職場。我們應該弄清楚，要擁有優秀、上進的雇員，其中一個方法，是讓雇員分到公司的股份，分享公司的成功。將公司的成敗不單繫於雇主，也繫於雇員，這已被證明是推動雇員努力工作，關心工作質素的好策略。質素應該是首要的，但通常只有工人得到尊重，他們的工作得到重視，產品和公司的情況會影響到他們時，工作質素才會高。雇員可以分到公司的股份，這表示工人要關心的不單是薪金。而且雇主和雇員的關係變成伙伴，而不單是雇員為雇主工作。當雇員的滿足感增加時，生產力便會提高，工人便不會那麼快辭職，公司也不用不斷把資源用在訓練新人上。[9]

## 工作網絡

我們在這裏應該談談工作的相互關連性。例如：我怎樣得到我今天早餐吃的麵包圈？當然，最終所有美好的恩賜都來自上帝，甚至是我們每天吃的麵包，正如主禱文告訴我們那樣。但我早餐之所以能吃上這個麵包圈，涉及很多人和他們的工作。首先必須要有農夫種麥、收割，才能夠有材料；然後有磨麥的人將小麥磨成麵粉；然後是麵包師傅將麵粉製成麵包圈；然後是包裝工人包裝麵包圈；接著是批發商將麵包圈賣給商店。然後是我買麵包圈的那家商店的雇員，包括收銀員和替我包麵包圈的店員。

但不僅如此。和大部分人一樣，我喜歡將麵包圈烤熱，但我不會製造烤箱，烤箱從哪來的？唔，我從商店購買的，它在工廠生產後被送到那裏；而工廠以其他地方製造的金屬和塑膠零件製成這個烤箱。但仍不僅如此。為了烤麵包圈，我需要電力供應。那又涉及另一個世界的工人！我想你應該明白我的意思吧。為了回應人類對日用飲食的祈求，上帝可以從天上賜下嗎哪給我們，但大部分時間，祂都選擇使用祂的人類僕人。[10]

工作及其出產之間的相互關連，幾乎可以以任何物品來說明，這對我們來說是一個很好的提醒——當我們傾向以為自己是個別消費者，或者「自給」自足——所有這些觀念都是現代美國神話，建基於徹底的個人主義這個更大的神話上。記住，所有工作和所有工人，都以不同的方式相互關連——我們需要彼此，也倚靠彼此。

## 工作和休息：足夠的神學

今天我們文化其中一個最普遍的病徵，是工作過度的趨勢，沒有適當的休息。事實上，美國很多工人因此而得到獎金——它稱為加班費。如果這是工作和休息這個正常循環少有的例外，那是另一回事。本書第五章關於雇工的比喻說的，就是有些工人有時在某天某地做額外的工作。但優秀和高效的工人，是警醒、得到休息的工人，在警務、消防、醫院等重要的服務性行業，這尤其真實。當然，我們很多人都不單在工作中，且在學校時已經學會這種超時工作的模式，特別是各種研究院和專業學校，在那裏的口號是「睡眠是可有可無的」。

雖然我不同意詹森的很多神學分析，但我頗為同意他說作息要平衡。[11]即使純粹從功利角度出發，你也會希望工人有足夠的休息，以致他們能好好完成工作。休息不是可有可無的；它是必須的，事實上它是我們的生命每天都需要的。我們花生命的大約三分一時間來休息或睡覺，是有充分原因的。身為凡人，我們必須這樣做。正因為這樣，我支持任何全職雇員都應該享有有薪假期。所有其他文明、發達的國家，都有法例保證人們擁有這種有薪假期，美國也應該有。

要有足夠休息，另一個關鍵，當然是減低和減少我們生活中的物質期望。在美國，人們做更多工作的其中一個主要推動力，是提高我們的生活品味，有更大的汽車、房子和更多財產。雖然這可能是流行的價值觀，但卻不應是做更多工作的良好動機——如果就生命的基本必需品來說，我們擁有的已經足夠的話。

關於充足或「足夠」(enough)的神學，保羅的話十分直接，也非常有用。他在羅馬被軟禁時，得到腓立比的朋友幫助，他為此十分感恩。但他接著補充說：「我無論在甚麼景況都可以知足，這是我已經學會了。我知道怎樣處卑賤，也知道怎樣處豐富；或飽足，或飢餓；或有餘，或缺乏，隨事隨在，我都得了祕訣。我靠著那加給我力量的，凡事都能做」(腓四 11～13)。基督徒需要培養這整套處事作風，特別是關於物質方面的。

美國廣告的一個特點是，它製造以前不存在的「慾望」和「需要」。我們大部分人都需要停止聆聽電視上的誘惑之歌，特別是如果我們已經擁有日常生活所需要的一切。我們需要培養的，不是渴求，而是知足。在任何景況下都可以知足的祕訣是甚麼？就是知道，透過主給我們的力量，堅忍是可能的。不單堅忍，知足也是可能的，因為我們有主，以及祂進入我們生命時帶來的資源。你不會聽到成功福音的宣揚者傳講：「敬虔加上知足的心便是大利了。」太多時候，他們感興趣的是其他「利益」。

亞斯理會督（Bishop Francis Asbury）某一年在巴爾的摩（Baltimore）的周年會議中見到衛理會的傳道人時，他照例委派這些傳道人到美國東岸各處的不同地方巡迴傳道。其中一個傳道人在十二月中被派到新英格蘭北部，他在會議期間問會督：「你派我到那裏，會給我甚麼獎賞？」會督的回應不是：「現在的薪金、將來的退休金、退休。」會督說的是：「這裏有恩典，此後有榮耀。」雖然我們都需要食物、衣服、居所，但如果我們主要為了奢侈品和非生命必需品而工作，便是為了錯誤的原因工作，並以錯誤的方式工作，最後達至錯誤的結果。如果我們踐行「足夠」的神學，相信上帝的恩典是充足的，也相信當我們將自己放在上帝手中，做祂的工作時，祂會照顧我們的需要，那麼我們應該會對工作有十分不同的看法。

我最近學到的其中一件事是，關於「人才流失」/「腦力消耗」（brain drain）這個詞組，我們要更按字面意思來理解它。我發現那些工作很需要用腦的人，雖然可能整天坐在椅子上，在一天結束時卻可能筋疲力盡。這是因為一個人愈活躍地思考，便消耗愈多卡路里。事實上，以一天計算，一個從事智力勞動的人，有可能比一個從事體力勞動的人，消耗更多卡路里。以下是一個樣本的基本細分：

如果你一百八十磅，你的紀錄可能是這樣：

總數：二十四小時總共消耗 3130 卡路里

| | |
|---|---|
| 睡眠 | 八小時；588 卡路里 |
| 辦公室工作——一般而言 | 八小時；980 卡路里 |
| 駕駛——輕型汽車（例如房車、輕型貨車） | 一小時；163 卡路里 |
| 食物——在家裏預備 | 一小時；204 卡路里 |
| 進食——坐著 | 一小時；122 卡路里 |
| 淋浴 | 三十分鐘；82 卡路里 |
| 清潔——房屋或小屋，一般而言 | 三十分鐘；122 卡路里 |
| 購物——雜貨店，使用購物車 | 三十分鐘；94 卡路里 |
| 走路——溜狗 | 三十分鐘；122 卡路里 |
| 跑步——一小時六英里 | 三十分鐘；408 卡路里 |
| 穿衣和脫衣 | 三十分鐘；82 卡路里 |
| 看電視或電影 | 兩小時；163 卡路里 |

留意，燃燒最多卡路里的項目是「工作」，而如果我們所做的，是對智力要求很高的工作，那麼它所佔的卡路里比例一定更高。雖然很多人認為燃燒多些卡路里是好事，但如果一個人工作時不斷在兩方面燃燒卡路里——做太多工作，經常超時工作——那人的健康一定會受損。

我兩位教新約的朋友都有慢性疲勞綜合症（chronic fatigue syndrome），其中一位需要服藥好幾個月。究竟發生了甚麼事？太多研究、閱讀、寫作、評卷（全都坐在椅子上進行），還有教學、講道和其他「常」務。經常從事腦力活動，從不做任何體力勞動的人，也可能需要長時間的休息。因此，對於要做多少工作，休息多長時間，有多少玩耍時間，我們應該嚴於律己。

巴特（Karl Barth）讓我們認識到，「一個存有只有在他/她能夠決定和限制其自身的活動時，才是自由的」。泰勒反思這句格言，哀歎如果是這樣的話，她只認識很少自由的存有。她補充說：「我認識一些人，他們可以同時做五件事，但卻不能甚麼也不做。」[12]我必須反對休息代表「甚麼也不做」這個觀念。事實上，休息是刻意做一些事情，而不是停止活動。

每天休息不單對人類的健康是必須的。聖經中休息的觀念與 *shalom* 有關，這詞往往被翻譯為「平安」，但它的實際意思更接近「安好」或「整全」。我們的問題是傾向將平安——或休息——連繫到停止活動，而實際上，*shalom* 往往代表我們生命中有上帝的同在，賜平安的上帝與我們同在。

由於休息對我們不是可有可無的，我們需要更好的休息神學（theology of rest）。猶太人的休息神學其中最有趣的，是上帝首先將第七天分別為聖，或視之為神聖的，即安息日；而基督徒傾向將主日聖化，在這方面，他們很容易將它與安息日混淆。「有證據顯示，有一段短時間，初代基督徒嘗試同時在星期日守安息日和慶祝主復活。然後教會和會堂分道揚鑣，其中部分協議是分開不同的聖日。」[13]

當然，最初的基督徒——他們全都是猶太人——既守安息日，也守主日，我們沒有理由不接受和採納這種實踐背後的神學原則。我們需要聖日，好讓自己專注於敬拜主。此外，我們每星期，實際是每天（我不單指睡覺）都需要有休息的時候。我們全部人都需要有自己的工作、休息、睡覺、玩耍的循環。不同人對這幾件事有不同程度的需要。

由於崇拜對基督徒來說也是不可或缺的，因此我們最好將崇拜納入休息和玩耍的循環（拜託，不要將它納入睡眠環節）。其實，每個人（事實上，每棵植物和每隻動物）的身體都有生理節奏，我指的不單是我們的睡眠循環。**生理節奏**這詞實際上指的是「圍繞一天」（around the day），指我們清醒和睡眠的循環。這些節奏是人類和所有其他生物都有的，但更重要的是，根據創世記，這也是我們與上帝共有的。上帝「停工」，欣賞祂創造的傑作，因此我們也應該花時間停下來，嗅一嗅玫瑰的花香。埃德加（Brian Edgar）在近期一篇文章中提出，玩耍能夠，也應該成為崇拜的一部分。他以崇拜中的音樂和舞蹈（出十五 20），或者崇拜中的戲劇為例，指出它們可以、應該怎樣融合。這是值得我們思考的。而且，埃德加正確地指出，由於玩耍不是「嚴肅的」，它在神學和倫理學中都被低估。問題是，人們一般在工作的處境中設想玩耍，而且這不僅涉及任何工作，這些工作更不涉及呼召，而是作為賺錢的手段。埃德加尖銳地指出，在這種情況下，如果工作是資本主義的精神，玩耍便是消費主義的精神。它被視為「為我」(for me)的東西，好讓人逃避工作的單調乏味和必要性。從神學觀點來說，這錯誤評估了玩耍和工作。[14]

可惜，德．托克維爾（Alexis de Tocqueville）在大約一八四〇年到訪的美國已不復在，當時他看到美國的主日與歐洲的非常不同。他指出：「所有人不但停止工作，他們似乎也停止存在(exist)。」[15]可惜，現在不再是這樣了。依我愚見，基督徒應該從足球場、商場，當然還有職場取回週末。如果他們想有一些自由，他們要知道怎樣限制自己的行動，正如巴特提出的那樣。基督徒在「說不」這方面需要做得更好。如果整個週末都不工作太難了，那麼，像泰勒提出的那樣，我們應該在整個星期安排一些小型安息時段——在這裏花幾小時休息，在那裏花幾小時休息。現在，當充滿機會的土地，不斷成為失業的土地時，是時候讓我們釐清工作、休息、玩耍之間的關係。

原則上，我認為週末不應該是工作的時間，而應該是崇拜的時間、休息的時間、睡眠的時間、家庭的時間、探訪的時間、玩耍的時間。因此在這裏，我們應該多談談玩耍的神學(theology of play)。太少人特意反思玩耍的神學了，但莫特曼(Jürgen Moltmann)這樣做了，我們應該看看他怎麼說。

## 玩耍的神學和工作的神學

人們大致有一個觀念：不單陰鬱的基督徒，連他們的上帝也只工作，不玩耍，令人掃興。莫特曼反駁這個理論。就像「休息」甚或「放假」這些觀念，「玩耍」的觀念也被視為工作的反義詞，或者是對抗工作的手段。根據這個觀點，玩耍與召命或呼召無關，除非那個人是某種職業玩家。

我認為，正如上帝會休息，喜悅祂所創造的事物，享受祂創造的事物，我們也可以將玩耍納入神學範疇。玩耍也許真的屬於神學範疇，其中一個原因是，上帝明顯有幽默感。只要看一看祂創造的一些事物——鴨嘴獸、塘鵝、長頸鹿、紅鸛。這些受造物的外表令人一看就發出會心微笑，忍俊不禁。但明顯只有人懂得笑，因為幽默是人類才懂的事情。

但玩耍是人類才懂的事情嗎？似乎不是。我看見我的貓圍繞房子追逐一個球，甚至追逐自己的尾巴，當然還有狗不斷玩接東西的遊戲。

莫特曼指出，在某些方面，我們必須問一些關於「玩耍倫理學」的問題。例如：當無辜的基督徒男女和兒童在達佛（Darfur）被強姦、折磨、殺害時，我們玩遊戲是否正確？莫特曼的命題是：「在玩耍中，我們可以預嘗（anticipate）我們的解放，以歡笑除去那令我們遠離真正生命的束縛。」[16]

玩耍是一種歡慶生命的形式，它預先歡慶新創造所帶來的喜樂、興奮、再創造。休閒（recreation）恰恰象徵和歡慶再創造（re-creation）。那麼，在這些用語中，玩耍不是拿來對抗工作的，而是承認，生命除了工作外，還有很多事情。

正如古老的格言說：「只工作，不玩耍，聰明的孩子也會變傻。」集體遊戲中的玩耍，也象徵了羣體、同工、追求共同的目標、實現有價值的目的。

正如莫特曼指出，對於那些不參與其中的人來說，遊戲似乎是無用的。「只在遊戲中尋求目的，令人成為掃興的人」（頁 5～6）。這就像一個人看著一件偉大的藝術品說：「但重點是甚麼？」如果你要問，你便錯失了重點。

有些人視遊戲為逃避現實世界的方法，這當中有點真理。但遊戲可達至多個不同目的，從真實世界中獲得喘息機會只是其中之一；其他還包括休閒、恢復、更新盼望。例如：當我看到我支持的波士頓紅襪隊（Boston Red Sox）經過八十年的「心存盼望」，終於在二〇〇四年贏得世界大賽冠軍後，我感到甚麼事情都是可能的。二〇〇八年，當塞爾特人（Celtics）贏得 NBA 錦標賽時，加納特（Kevin Garnett）這個在職業生涯中，曾待過爛球隊的球星歡呼著說：「甚麼都是可能的！」球場上小規模的悲劇和勝利，能帶給人盼望，令人相信如果這種事情在球場上可以發生在失敗者身上，那麼它們也肯定可以在生命中更廣的層面發生。好的遊戲心理，給人帶來盼望。這在二〇〇八年夏天的北京奧運會最清楚地顯明。在那裏，有幾個時刻，世界似乎在玩遊戲時聯合起來。奧運會為我們呈現了世界聯合的一個近乎終末的異象，即使那只是短短幾天。簡單來說，遊戲引發盼望的心理。

當然，政府也會利用遊戲轉移人們的視線，令他們忘卻現實生活的勞累和黑暗，特別是當「人的勞苦令他異化和空虛時」(頁 6)。政府可以利用遊戲來預防革命。「因此，專制的政權必須不時提供疏導情緒的途徑，釋放它的壓迫所造成的壓力，令汽油桶不會爆炸」(頁 7)。但這只是遊戲的其中一種功能，我認為，這不是遊戲的主要目的或焦點。當遊戲淪為羣眾的精神鴉片時——他們沒有其他發泄途徑；在充滿嚴格控制，沒有多少自由的文化和生活中，他們沒有任何可以期待的事物——我們很容易理解，為甚麼有些人對「單純的遊戲」嗤之以鼻，視之為犬儒地轉移視線的方式，或者充其量也只是對現實生活中缺乏喜樂和自由的補償。

我們都遇過那些無法玩耍，不能真正享受假期，堅持即使放假也必須「做一些事情」的人。有一次，我與一個朋友駕車到一個美麗的海灘。那路程需要駕駛很多個小時。我期待可以花點時間游泳，然後坐在沙灘上，鬆弛一下，欣賞美景。但我們坐在沙灘上不久後，我的朋友對我說：「唔，這很好——接著呢？」這不是我所說的「歷險的感覺」，而是將工作的心態帶到玩樂中，因而破壞了玩耍和假期的其中一個主要目的——玩耍和假期就是不根據工作時間表安排的時間！正如莫特曼所說：「閒暇以其他方式，延續著工作的節奏」(頁 9)。這破壞了我們放開工作日程那一刻得到的自由。「如果遊戲只為幫助我們暫時忘記我們不能改變的事情，遊戲會顯得無望和愚蠢」(頁 12)。

清教徒經常責備孩子說：「你來這個世界不是為了享

樂。」但享樂正是清教徒工作倫理中被忽略的部分。我不會帶大家回到普羅米修斯（Prometheus）或清教徒的世界，窺探他們一切的勞動。事實上，這兩種情況都不屬於上帝的國。無論我們多麼努力消除從玩耍生發的自由，它都會再次出現，即使在最貧窮的角落——紐約街頭的棍球遊戲中、阿富汗貧窮村莊外污穢的球場中的足球遊戲中。上帝似乎創造我們去玩耍，也創造我們去工作，而兒童比大部分成年人對此有更強烈的意識。或許這是工作狂可以學習小孩子的地方。即使是一些十分緊張忙碌的企業現在也明白，即使在工作中也可以鼓勵玩耍，這令員工更容易滿足和更有效率。這令我們明白到，工作不單不是咒詛，也不是人類存在的一切，因此我們不應視玩耍為工作的敵人、工作的對立面。工作、休息、玩耍都有它們的角色。玩耍和休息不同，它涉及活動，甚至是劇烈的活動，而休息不是這樣。

最好的玩耍是具前瞻性的（prospective），而休息是具回顧性的（retrospective）。上帝回看祂一週的工作，並且休息。我說玩耍具前瞻性的意思是，在玩耍中，我們預示將來，或者正如莫特曼開玩笑說，「我們愈來愈與將來玩耍，藉以認識它」（頁 13）。奇怪的是，這也接近預言所呈現的景象：「他們要將刀打成犁頭，把槍打成鐮刀。這國不舉刀攻擊那國；他們也不再學習戰事。人人都要坐在自己葡萄樹下和無花果樹下，無人驚嚇」（彌四 3～4）。正如軍事演習預示將來，裝備人們迎接將來，正常的遊戲也是這樣。正常的遊戲讓我們預示我們盼望的；可惜軍事演習卻相反，令我們早早面對我們害怕，而且通常想避免的事情。

有趣的是，莫特曼從創造開始正式談起玩耍，並提出那個古老的問題：「為甚麼要創造某些東西，而不是甚麼也不創造？」也就是說，如果上帝是自由和自足的存有，為甚麼祂要創造宇宙？這是十分合理的問題，莫特曼在箴言八章30節找到答案。在那裏，上帝的智慧（Wisdom of God）說：「我⋯⋯日日為他所喜愛，常常在他面前踴躍。」莫特曼說：「這是創造的智慧。它對待世界和生命，都不比創造要求的更嚴肅或更輕鬆，創造既不是神聖的（divine），也不是反神聖的（anti-divine）；不是像亞特力士那樣將世界背在肩頭，而是像孩子那樣將球運在手中」（頁16）。

上帝創造世界，當中有各種千奇百怪的受造物，祂是純粹為了樂趣嗎？祂是出於不能言喻的喜樂，將球運在手中說「多麼有趣」嗎？上帝對待創造，是否以藝術家的想像力和興奮，渴望創造一些美好、真實、美麗、使人愉快和有趣的東西？這個宇宙的遊戲有沒有衡量的準則，是否公平？這個宇宙有自我表達的潛力和自由嗎？——假如玩耍和遊戲提醒我們原本的創造意圖，以及創造主的性情，並預示這大型肥皂劇走向何方。

原來創造與玩耍有一些共通之處：這些活動是有意義的，但不是必須的。上帝不需要創造宇宙，就像我不需要打籃球一樣。無論是創造還是玩耍，其基本的意義都不包含**必**

**要性**。但上帝的玩耍和我們的玩耍有不同之處，上帝可以從無中創造，這為上帝帶來喜樂和愉悅。「人只能夠與一些東西玩耍，這些東西也與人玩耍。人玩耍時，自己參與遊戲中，同時也是其他事物玩耍的對象。他不能在無有或空無中玩耍，他只能夠在愛中玩耍」(頁 17～18)。或者我會這樣說，他只能夠在「與別人或其他事物的關係中」玩耍。人和上帝不同，人類不是自足的存有。不過：

> 和創造一樣，人的遊戲表達了自由，而不是任性，因為遊戲與創造者創造時的喜樂有關，也與遊戲者遊戲時的樂趣有關。就像創造，遊戲結合了真誠和歡樂、懸念和放鬆。遊戲者全心投入遊戲，認真看待它，但同時又超越自己和遊戲，因為那畢竟是遊戲。因此他意識到自己擁有自由，不會失去它。他離開自己，卻又不至失去自己。世界作為上帝的自由創造——這創造出於祂的喜悅——這個象徵，對應著「人身為上帝的兒女」這個象徵。(頁 18)

只要我們是上帝的兒女，我們便應該享受我們的玩耍，以及我們的休息和工作。如果人類全都是在上帝的喜樂中受造，並為了享受喜樂而被造，那會怎樣？如果永遠享受上帝和祂的創造，是我們最初受造的部分原因，那會怎樣？如果滿足於生命中的快樂，遠不及我們最初受造可享受到的喜樂，那會怎樣？如果隨創造而來的命令——遍滿大地，治理大地，照管和照料大地——並不帶著嚴厲的責備：「要有業績，否則便一無是處」，那會怎樣？如果我們的工作和我們所做的事，被置於喜樂和玩耍這個更大的語境來理解，那會怎樣呢？如果我們受造，是要在工作時吹口哨，而且我們不單享受工作，還深知：我們超乎我們的工作，我們大於我們的任務，我們是按著喜樂的上帝的形象受造的，那會怎樣呢？

如果說「我來了，是要人得生命，並且得的更豐盛」的那一位，真的是成肉身的上帝，反映了上帝的內在本性，那會怎樣呢？如果上帝的存在之樂（*joie de vivre*），是祂也希望我們擁有的，那會怎樣呢？莫特曼說：「上帝的榮耀，在於彰顯存在的喜樂。因此當人鍾愛這有限的生命，肯定那終會朽壞的美，他們就是在分享創造主的無限快樂」（頁 21）。玩耍不單是從工作中得到喘息。玩耍提醒我們，我們的生命不是只有做事和工作。我們的生命也關乎存有、歡慶存在，以及自娛。「地上的勞動者在歡樂、舞蹈、歌唱、玩耍中得到釋放。這對勞動者大有好處」（頁 24）。當我們看到優雅的運動員，我們想起上帝的恩典，而不單是人類的天賦和技巧。玩耍適得其所時，會向我們呈現上帝的各種性情。

玩耍和遊戲提醒我們的其中一件事是，生命可以出現驚人的逆轉：最後的可以變成最前。就在去年，棒球迷都驚歎於賴斯（Tampa Bay Rays）的故事，這是一個真實的「最糟變成第一」的故事。關於傳講戲劇化逆轉的故事，耶穌是箇中典範。我們讀耶穌的比喻時，不能不留意耶穌的幽默感和玩耍意味。想像一下駱駝嘗試穿過針眼，就能明白，即使是進入天國這樣嚴肅的事情，也有滑稽和戲謔的一面。

但對基督徒工作者來說，復活節的復活（Easter's resurrection）是逆轉的終極象徵，是面對死亡權勢的終極笑聲。正如莫特曼說：「實際上，復活使得救贖的人開始歡笑，得解放的人開始跳舞，復活使我們開始進入那隨著自由而來，全新的、具體的、富創意的遊戲——這自由已向我們開放，即使我們仍然活在沒有甚麼理由要歡樂的處境」（頁29）。

基督徒在玩耍時，可以在遊戲中，或在生命的遊戲中，推延身體忍耐的極限，然後他們會看到無與倫比的結果。在國度中，我們總會有玩耍的時間，因為在耶穌裏，生命吞噬了死亡。基督徒可以歡欣雀躍，參與新創造的遊戲，知道它在基督裏已經開始生發，總有一天，我們會變得更像基督。當我們知道上帝掌管著這遊戲，祂應許那會是喜樂的結局，我們會擁有一種特別的自由。莫特曼這樣說：「生存不是掙扎，而是預先玩耍；生存不是預先勞動，而是預視將來歡欣雀躍的生命」（頁35）。

在基督裏的上帝（God in Christ）會終結我們現在所知道的一切事物，並引入新創造，這是好消息，因為它表示新創造不會由人類實現或成就。它不會由人類的工作實現。事實上，在某些方面，玩耍和歡慶比工作更接近新創造的特質，因為它們比我們現時通常做的工作，更能夠把握新創造的精神，更能夠把握那種喜樂。新郎基督回來時，祂的新娘在等候，他們會跳舞、歡慶、歡喜雀躍、玩耍。這並不是說，我要收回我較早時說過的話，就是在國度中有工作要做。正如莫特曼警告說：

> 基督教的終末論從沒有將歷史的終結視為一種退休，或支薪日，或目的實現，而是視它為沒有目的（without purpose），視它為讚美的詩歌，為了無盡的喜樂；視它為蒙救贖的人在上帝三一的圓滿中所跳的不斷變化的圓舞，靈魂和身體完全契和。它沒有盼望離地的天堂，當中充滿沒有驅體的靈魂；而是盼望新的身體，被靈滲透，從律法和死亡的捆綁中得救贖……基督教終末論為歷史的終結，賦予美學的色彩（頁34）。

這是頗為正確的，如果最後階段是這樣，那麼在到達那階段之前，玩耍可分為好的玩耍和壞的玩耍：有預示最後階段的玩耍，也有不預示最後階段的玩耍。正因為這樣，最終莫特曼勸告我們：「玩耍應該帶來解放，而不是使人鎮靜；玩耍應該喚醒人們，而不是使人麻木。帶來解放的玩耍，是對壓迫者和剝削者的邪惡遊戲的抗議。因此，我們要認真地玩耍和喜樂地戰鬥」（頁 113）。這樣，從神學角度看，玩耍不是大眾的精神鴉片，將人麻醉；玩耍讓我們預嘗神聖的榮耀，預覽將來的引人入勝的事物；玩耍是上帝給我們的恩賜，提醒我們注目持續賜予恩賜的那位復活的基督。

在工作、休息、玩耍三者之間維持富創意的平衡，就像芭蕾舞蹈員用腳尖跳舞；我們在這三極之間來回跳舞，明白我們不僅蒙拯救，好去服事和做美好的工作；我們也蒙拯救，好在自由中歡喜雀躍，因為我們按著上帝的形象受造，是小小的創造者；是的，我們蒙拯救，得以放鬆，在漫長的一星期結束時欣賞我們所完成的事物。無論是工作、休息還是玩耍，都不能夠定義我們或規限我們。我們不由我們所做的事情或我們不做的事情定義。我們按著上帝的形象受造，按著基督的形象再受造，那是工作者上帝（God the worker），愛人上帝（God the lover）為我們所做的。這表示我們可以將生命及其活動，以及休息，視為來自上帝的恩賜，我們的身分主要來自我們屬於誰，而不是來自我們做甚麼或不做甚麼。耶穌說除非我們回轉，再次變成小孩，否則不能進入上帝的國；這表示我們需要再次學習怎樣像小孩那樣快樂、富創意、忘我地玩耍。我們這樣做時，便呈現出創造主的形象——祂創造各種不同大小、千奇百怪的事物，並因此而喜悅和喜樂。

還有一件事。當我們深入工作、休息、玩耍的連結，我們在每一種狀態下，都會明白到生命是恩賜。如果我們像賜予者那樣，以敬畏、尊重的心態玩耍，敬拜賜予者，而不是敬拜祂的恩賜和作為，那麼我們便真正完成了生命的週期，也就是我們受造的目的——深入我們創造者的愛、奇妙、喜樂、讚美之中。讓遊戲開始進行！

# 末了的話

# 接受這工作，並……

正如任何經濟學者或政治人物會告訴你，所有關於將來的言語，都只是一套路標，指向迷霧。

賴特

經過對工作深刻和坦誠的反思，沃夫指出，西方後現代對工作的著迷，是沉迷於實現自我和尋找自我的結果，多於來自某種早已被人遺忘的新教工作倫理。我認為他很大程度上是對的，因為那種自戀的執著——實現自我，白手興家——催使人們做事和製造。它要求人們工作。「當代的工作信念，與敬拜上帝或上帝對人類的要求，沒有甚麼關係；它與『敬拜』自己和人類對自己的要求有關。」[1]

我們應該誠實地問自己：我的身分認同，是否受制於我做甚麼，以致我成了不能自拔的工作狂，只為了證明我的存在價值，讓自己顯得重要？如果我們承認這個指控，那麼很明顯，我們在生命中需要的，不單是對工作具有更合乎聖經的理解，也需要對自我有合乎聖經的理解。我們不單由我們所做的事定義，因為我們按上帝的形象受造，我們是具有神聖價值的存有；我們也透過信心、藉著恩典、按基督的形象更新自我——這些真理都與我們的工作或工作量無關。我們由我們與上帝的關係定義，我們的人性（humanity）建基於這關係。我們是 *imago dei*（上帝的形象），而不是像馬克思（Karl Marx）聲稱的 *homo faber*（工作的人）。我們既不是自造而成，也不是由工作造成。我們的工作並不賦予我們人性，但工作能夠有效地表達我們與上帝的相似之處，而上帝是創造者、維持者、救贖者。

要對工作有真正的基督徒視角，其中一個關鍵，是明白我們所做的，與我們是誰息息相關。如果聖靈正在模塑我們的品格，那麼我們所做的，就會反映聖靈的果子。任何與仁愛、喜樂、和平、忍耐、恩慈、良善、溫柔、節制不相容的事情，很可能都完全不應該做。而如果我們做這些事情，便要知道，這種對墮落狀況的回應，是一種危機，而不是上帝為我們而設的至善至美的事情。當然，我們可以說，也應該明白，這個世界有「兩害取其輕」的做法，但這不應該令我們改變我們對美好工作的基本定義，也不應該令我們改變我們的目標——盡所能實現大誡命和大使命，榮耀上帝和造就人類。讓我舉一個例子，但這是一個令人傷感的故事。

一個有三個孩子的母親第四次懷孕。她開始經歷到不尋常的痛楚時，去看醫生照超聲波，得知那是異位妊娠。在這種情況下，受精卵在子宮外面，母親的生命極具危險，而且孩子在子宮外，幾乎肯定只能存活一段很短的時間。這個母親和她丈夫應該怎麼辦？

他們懇切地禱告，徵詢牧者的意見，尋求朋友的建議，但時間無多，他們必須作決定。這位母親深知道，如果她只為了讓第四個孩子可以多活幾天或幾個星期而選擇繼續懷孕，結果死在手術牀上，她三個女兒便會失去母親，丈夫便會失去妻子，這似乎沒有人性，也不人道，甚至是自私的。

這位母親是反對墮胎的天主教徒，對這件事感到很為難。她可以說自己絕對需要墮胎，好解決這個情況嗎？不，她不能說得那麼絕對。她**有可能**在手術後存活下來，繼續好好生活，但機會真的不大。因此她所作的決定，必須基於信心，而不是絕對的肯定。最終，這位母親流著淚決定墮胎，如果這是個錯誤的決定，她祈求上帝赦免。

在一個完美的世界，女性不會有異位妊娠，但這不是最美好的世界，而是墮落的世界，這影響我們的倫理選擇。然而，我們不應該透過人類墮落的現實來看墮胎的處境。我們不說：在墮胎那天，一個丈夫不致失去妻子，三個孩子不致失去母親；而是選擇說：未出生的嬰孩的生命被奪去。

但我們在這個世界，確實要作這種「兩害取其輕」的決定，有些決定是與工作有關的。想想那位進行墮胎的醫生。想像一下如果他是基督徒，他便同樣身處面臨兩個不道德的選擇這可怕的道德兩難中。想像一下他和那位母親都會祈禱，為上帝賜下這未出生的嬰孩而感恩，並將它回獻給上帝，盼望和祈求他們選擇墮胎，是一個正確的決定。

曾經立誓持守「希坡克拉底誓言」、「不傷害人」的醫生，對這樣做感到內疚，祈求上帝寬恕。他不想因為這工作而被視為「墮胎者」；事實上，這是他醫治和拯救生命的生涯中進行過的惟一一次墮胎手術。如果人們必須大致上根據他的工作形容他，他希望人們視他為醫治者，在上述例子，是一個為了某個丈夫和家庭，拯救了一位母親的生命的人。這位醫生在那天做的工作，可能是必要的工作，是一個兩害取其輕的選擇，因此我們必須區分以下兩者：我們今生要做的所有工作，以及嚴格來說，我們毋須懺悔的工作。我們在生命中所做的一切，並非全都能夠手潔心清地去做。

換句話說，在美好和敬虔的工作，以及為了保存美好和敬虔的工作而必須做的所有工作，這兩者之間是有分別的；但我們必定不能無視上帝創造的美意：照料上帝的園子，或者有分於實現終末的目標——將上帝最終的國度帶到地上。

那麼，我們應該怎樣辨識我們工作的恰當界限，好讓我們不需要在工作中找尋自己的身分，也不迷失在工作中，更不會變成工作狂？我的答案十分簡單——充足的休息、玩耍、敬拜為工作立界限，提醒我們，工作不是我們存在的全部。無疑，每個人對工作、休息、玩耍、敬拜，需要都不同，但我們必須懂得平衡。那不應只是工作和休息之間的平衡，或者只是敬拜和工作之間的平衡，或者玩耍和工作之間的平衡，而應該涉及所有這些事情相互之間的平衡。

實際上，敬拜對我們的幸福、靈命、成長是十分重要的，我們應該將之放在生命中十分優先的位置；而玩耍和休息對我們的存有（our very being）也是不可或缺的，更別提它對我們身為富生產力的工作者的重要性。我的建議是，對基督徒來說，星期日應該用來崇拜、留給家人、玩耍，星期六應該用來休息；但在一星期的其他日子，也應該有休息時間和玩耍時間。玩耍的範疇也包括所有運動。如果這一切都是為了上帝的榮耀，為了讚美我們的造物主，那麼這一切便都是榮耀頌。

雖然這個世界上，很多人都談及退休，並渴望退休，但事實是大部分當代人的娛樂時間，都比中世紀歐洲人的娛樂時間少得多。在當時的歐洲，就連農民也參加基督教的聖日和節日，這些聖日和節日所佔的時間超過一年的三分一。聖日是假期，平均分佈在一整年。今天，那樣的日子已經距離我們很遠了。

在一九六○年代那個人人相信透過工作和先進科技，社會會有「進步」的黃金時代，有人在美國國會說，到了一九八五年，人們每星期只需要工作二十二到二十七小時，很多人可以在三十八歲便退休！[2] 這些統計如果不是基於真誠的態度進行，反映出我們對於人類重塑世界、職場、我們自己的能力，持有一種真誠和天真的信念，便顯得十分可笑。可惜，一九九○年的一項研究顯示，在一九七三年和一九九〇年間，美國工人實際享受到的閒暇時間減少了百分之三十七，一星期平均工作時間，從四十一小時增至四十七小時。「在當代的科技文明，我們可以誇口擁有節省勞力的創新發明，但人類卻弔詭地比以前工作得更多！」[3]節省勞力的設備，弔詭地創造了更多工作。

沃夫的評論富有洞見，他認為我們的工作狂世界觀影響我們的玩耍和休息，甚至我們的崇拜生活。我們現在往往強調更激烈的運動，更「積極」的玩耍，更「集中」的休息，是的，還有更「活潑」的崇拜。我們對工作的看法，影響我們對其他活動或情況的看法。[4]

在較早的一本書中，[5]我根據將來的國度，研究崇拜的本質。對我來說，很明顯的是，我們之所是所為，都必須具有頌揚上帝的特質。正如羅馬書十二章 1 至 2 節所記載，將我們自己和我們所做的一切獻給上帝，是我們理所當然的敬拜。如果適得其所，我們就能透過工作，事奉和敬拜上帝。不過，我們仍要每星期參與集體崇拜，讓我們可以與基督的身體、與上帝相交。我們需要集體——而不單是個人——享受和實踐上帝同在的時間。我們的日常工作將我們個體化，它不能取代集體的崇拜。

在崇拜中，我們預嘗那舞蹈，預先歡慶新創造，提醒自己我們走向哪裏，以及我們最初做這些事情的理由。「基督徒在崇拜中與上帝交通時，他們飲用基督徒的生命之泉，而他們身為人類的身分也建基於此。同時，他們在崇拜中預嘗新創造中上帝的歡愉，在那裏，他們一起居住在三一上帝裏面，三一上帝也居住在他們裏面（參啟二十一22；約十七21）。」[6]「工作和崇拜、勞動和禮儀這種有節奏的更替，是基督徒在世上的存有方式的其中一個特點。」[7]崇拜是預嘗終末，描述我們將在那裏經歷到的那種活在上帝同在中的和平、團契、羣體。[8]

我們在這本書中，沒有太多機會反思工作與我們的生態圈及環境的關係，但在這方面，我們顯然需要有更多神學反思。很明顯，戰爭對大地的破壞力最大；此外，除了疾病，戰爭對人類生命的破壞，也是最大的，正因為這樣，我們可以從道德上辯論它是否值得參與。在道德上顯得模稜兩可的行業，是那些提供人們需要的工作，在某些方面，甚至提供人們需要的產品，但卻對工人的生命和健康，以及環境，都帶來危害的行業。我想指出的其中一個例子是採礦，特別是露天礦留下大量礦渣，破壞我居住的肯塔基那一整片美麗的山岳。另一個例子當然是種植煙草這種沒有人需要，每個人都應該避免的產品，它對消費者的健康肯定是有危害的。

正是當人們忘記我們是自然的存有——需要空氣、清潔的食水、來自美好大地的食物才能夠生存——人們才會在忽略工作對自然的影響的情況下談及工作。或者更糟的是，以上帝要我們遍滿大地、治理自然為名，合理化人類對自然的破壞。在二十世紀，大量人口從農村遷移到城市，這無疑令人們的思想產生變化，使我們忘記我們倚靠土地，與土地相連——不管是在我們的工作中，還是在我們身為人類的生存中。

創造故事涉及亞當照管和照料伊甸園。正如我們在前面說過，根據聖經，人類的第一份職業似乎是園丁。因此，「要照料非人類受造物，其中重要的一個面向，是要避免生態失衡和不可逆轉的破壞。」[9]有時，「征服」（subduing）大地這個觀念，被曲解為容許人類對野性的自然（wild nature）為所欲為；而不是叫人明白，人類的任務是給墮落的受造界自由，做上帝首先要它做的事情。我們可以這樣想：上帝創造一個大而美麗的世界，讓我們在其中生活、享受、玩耍、敬拜。為甚麼我們會為了滿足我們的需要，不惜破壞或決意損壞祂的傑作？——其實不那樣破壞自然，我們的需要也能夠被滿足。

如果「這是天父世界」，那麼我們對待它時，就應該緊記它不屬於我們。正如成長時，人們教導我們要愛惜別人的東西，因為那些東西不是我們的，我們沒有自由對它們為所欲為。而且，我們必須記住，凡走過必留下痕迹，我們的所作所為影響後世子孫。我們想留下碳足迹嗎？我們想留給子孫的，是一個更美好的世界？還是一個廣受破壞、污染的地方？

這本書討論的所有課題，其實都可以再進一步深入反思，但現在是時候總結我們在其中學到的一些重要的內容了。

## 總結

首先，全心愛上帝、愛鄰舍如同自己是全人類的任務。這些任務是所有按著上帝的形象受造的人的「首要工作」。第二，特別對基督徒而言，上帝賜我們「使萬民作門徒」這個任務，是我們的榮幸。我們接受的其他任何任務、職業、工作，都必須以這個主要、終生的任務為大前提。因此我在這本書中將任務分為兩種，一種是我們可能花了大部分時間從事的任務，這些是普遍的任務；另一種任務對所有信徒來說，都是首要的任務。我們的普遍任務，無論是甚麼，都不應與我們生命中的首要任務徹底分開，也肯定不應該與首要的命令相違。

廣而言之，上帝給人類原本的命令，是遍滿大地和治理它，照管、照料園子。坦白說，我們不再怎麼需要遍滿大地、治理大地了，倒是有很多照管和照料的工作要做。按著上帝的形象受造的人所做的工作，應該是能夠反映上帝的創造、上帝維持和救贖世界的工作；事實上，當我們這樣做，我們是在嘗試與上帝同工，因為我們不單按上帝的形象受造，也按基督的形象再受造，我們是上帝的奧祕的管家。我們必須緊記，工作不是上帝對人類的咒詛，它也不是我們的拯救。工作不應該被妖魔化，也不應該被神聖化。

我們談了很多關於「工作作為召命」，以及「召命作為工作」的內容，區分了呼召、恩賜、召命、工作。呼召不是恩賜，恩賜不是召命，召命不是工作。當論及工作，我們詳細指出信義宗的召命神學的問題，也指出沃夫的恩賜神學（theology of charism）的問題。我們仍然需要召命神學和工作神學。但我們的召命神學應該與階層的神學（theology of station）或人的社會地位無關，因為很多基督徒出生於或被迫陷入可怕的情況和關係，是與他們的意願相違的。我們也不應該假設「任何事情都可以是對的」，更不應該假設「任何事物都可以是上帝對我的呼召」。呼召來自上帝，它往往在我們成為基督的門徒時，呼召我們離開身處的階層、地位，甚至關係。

不過，上帝不單呼召我們，上帝的聖靈也給我們恩賜，讓我們為國度、為基督的身體、為我們的家庭、為我們自己，實行特定的任務。我們必須聆聽呼召，尋求上帝的帶領。我們也必須認清成為基督徒的呼召，這呼召命令我們踐行大使命；我們還會得到另一種呼召，要我們去完成某些特定的任務。這兩者必須區別開來。在我們一生中，上帝可能裝備我們，呼召我們做不同的工作和任務。我們不應該假設，上帝一開始要我們成為木匠、牧者或醫生的呼召，必然是我們終生的召命。我們必須懂得靈活變通，繼續聆聽上帝對我們生命的呼召。

我們也花了些時間討論甚麼才是工作。婚姻和家庭不應該被界定為我們的工作，雖然丈夫、妻子、父母的角色，肯定涉及工作和不同的任務。我們必須區分社會條件、關係、工作。例如：保羅不談人「蒙召」或擁有「召命」去結婚或守獨身，或作丈夫或妻子。不過，他說人若為主守獨身，則需要特別的恩典恩賜，正如在主裏結婚，也需要特別的恩典恩賜一樣。

正是保羅的終末觀和國度觀，使他提出，婚姻只是基督徒蒙福的選擇，而不再是「創造秩序的命令」。這是其中一個信號，向我們顯示，我們基督徒的工作神學，不能只來自對創造神學和「創造秩序的命令」的反思。同樣，耶穌在馬可福音十章清楚表明，婚姻是上帝將兩個人連在一起，但它只適應於「那些被賜予婚姻的人」。根據上帝將來的國度，我們不應該假設婚姻是為每一個人而設的。在國度中，我們的行為出於我們得到恩典和恩賜，蒙召這樣做，而不單因為我們有能力這樣做，甚至可能擅長這樣做。還有，只有很少美好和敬虔的工作，是需要特定的性別從事的，或者只屬於男人而不屬於女人。決定誰得到甚麼恩賜，以及個人得到恩典和呼召去做甚麼的，是聖靈，而不是性別。

我也要強調，面對我們的工作，我們必須有清晰的目的，也就是說，要清楚我們是在為國度而服事，要知道它的目標和目的，以及它帶來甚麼持久的益處。我們的工作怎樣預示、預備、預嘗那將要來的？——那時我們不再研究戰爭，那時刀劍會變成犁耙。當提到基督徒應該委身於甚麼時，這些是我們應該問的問題。你的生命會留下甚麼？你希望上帝和祂的百姓怎樣評估你一生的工作？你是否只渴望得到上帝的稱許，渴望祂在末日可以說：「好，你這又良善又忠心的僕人，來承受國度」？

我們還詳細談論到信徒皆祭司的神學，以及將所有美好和敬虔的任務神聖化。將工作分為神聖的和世俗的，以及認為只有那些蒙召做特定的「宗教」任務的人，才蒙上帝「呼召去事奉」，這些全都並非紮實的聖經觀念。所有任務都應該為了榮耀上帝和造就別人而做，我們全都蒙召將自己獻給上帝，作為活祭，這是我們理所當然的敬拜或忠心的服事。

我們也花了不少時間談及工作和休息之間、工作和玩耍之間，以及工作和崇拜之間的關係，還有在基督徒的日常生活中，這些事情都需要有恰當的平衡。我們也討論了工作與藝術、工作和藝術品的關係。我認為，藝術是一種實現「創造秩序的命令」的方式，要我們像上帝那樣富有創意。

我們花了一整章與克勞奇對話，談及需要視我們的工作為文化製造。基督徒經常對美好工作的目的和目標，抱持著太具個人主義、私權至上、實用的觀點——視之為生存之道、得到薪金的手段，或支撐家庭的方法。雖然這些純粹功能性的觀點是真實的，但卻並不足夠。我們大部分人都做過不適合我們做的工作，我們鄙視或者想放棄的工作，然後說著那古老的俗語：「騎牛搵馬……」但根據上帝的異象和國度來看，工作遠遠不止於此。那些在生命中找到上帝的呼召，並跟隨那呼召，做美好及敬虔的任務的人是有福的。太少基督徒明白，我們的工作不單是用來維生的，它也可以改變世界。實際上，工作是我們製造文化的方法。克勞奇號召我們，在現存的文化中，我們不單要以我們的工作轉化文化，也要學習在我們所做的事情中富創意，成為文化的創造者，而不單是模仿者、批評者、轉化者，甚至是破壞王。我們的工作模塑我們；問題是，我們會將工作變成一件能反映我們榮耀的造物主的事情嗎？我們會將工作變成存在的主要任務嗎？

正如我較早時在本書提過，最近我到訪北卡羅萊納州夏洛特市的新葛培理圖書館，並在那裏發現紀念葛培理的妻子葛路得的石碑，上面寫著：「建築完工，謝謝你的忍耐。」或許，最終，我們可以得到安慰，因為工作者上帝一直都在我們身上動工，在我們裏面動工，令我們得以完全——甚至在我們忙於活出我們的召命，恐懼戰兢做成我們得救的工夫時。

最終，我們需要信任窰匠，祂不斷按自己的形象模塑和重塑我們。如果我們太專注於細看陶器和它的功用，我們只會留意到器皿上的瑕疵和裂痕。幸好我們生命中有上帝又真又活的同在這寶貝：「我們有這寶貝放在瓦器裏，要顯明這莫大的能力是出於上帝，不是出於我們……所以，我們不喪膽。外體雖然毀壞，內心卻一天新似一天」（林後四7、16）。

*Soli Deo Gloria.*

願榮耀惟獨歸於上帝。

# 註釋

## 序言：小心——工作進行中

1. David H. Jensen, *Responsive Labor: A Theology of Work* (Louisville, KY: Westminster John Knox, 2006), x.
2. Jensen, *Responsive Labor*, 22.
3. Frederick Buechner, *Wishful Thinking: A Seeker's ABC* (San Francisco: Harper, 1993), 119.
4. Jensen, *Responsive Labor*, 3.
5. Miroslav Volf, *Work in the Spirit: Toward a Theology of Work* (Eugene, OR: Wipf and Stock, 2001), 10～11.
6. 參 Volf, *Work in the Spirit*, 71。
7. Volf, *Work in the Spirit*, 79.
8. 關於將工作神聖化，Thomas Carlyle 曾經宣稱工作是「這世界最後的福音，」將人類「從這個大地最低的地方，直接提升到神聖的天堂。」Thomas Carlyle, *Past and Present* (Boston: Riverside, 1965), 294. 在轉化修道的詞

組 *ora et labora* 時，Carlyle 了不起地提出 *labora est ora* ——工作是禱告（頁 196）。

9. Volf, *Work in the Spirit*, 83.
10. Volf, *Work in the Spirit*, 85.
11. 關於工作這個課題，現存的聖經神學研究其中一個主要問題是，它們藉聖經前進，而不是回溯，結果在大部分情況下，它們從來沒有從終末或國度的視角看工作，也就是根據「國度的介入」看工作，而這正是這本書致力研究的。
12. 關於這點，參我的著作：Ben Witherington III, *We Have Seen His Glory: A Vision of Kingdom Worship* (Grand Rapids, MI: Eerdmans, 2010)。

## 第 1 章　傑作：論工作的美好

1. Terence E. Fretheim, *Creation Untamed: The Bible, God, and Natural Disasters* (Grand Rapids, MI: Baker Academic, 2010), 152.
2. Barbara Brown Taylor, *An Altar in the World: A Geography of Faith* (San Francisco: HarperOne, 2009), 151.
3. 范涵教授將他二〇一〇年在亞斯理神學院（Asbury Theological Seminary）的 Theta Phi 講座的講稿寄給了我。這講座的內容被收錄在他的著作 *Creation Untamed*。
4. 例如可以參考 Robert Morgan, *Boone: A Biography* (Chapel

Hill, NC: Algonquin, 2008)。

5. 我在自己的著作 *We Have Seen His Glory: A Kingdom Perspective on Worship* (Grand Rapids, MI: Eerdmans, 2010) 中談及工作可以擁有的榮耀頌性質（doxological character）。
6. Leland Ryken, "Work, Worker," in *The Dictionary of Biblical Imagery*, ed. Leland Ryken, James Wilhoit, and Tremper Longman III (Downers Grove, IL: InterVarsity, 1998), 966.
7. W. R. Forrester, *Christian Vocation* (New York: Scribners, 1953), 130.
8. Fretheim, *Creation Untamed*, 15.
9. Paul S. Minear, "Work and Vocation in Scripture," in *Work and Vocation: A Christian Discussion*, ed. J. Nelson (New York: Harper, 1954), 44.
10. 關於這一切，參 Robert Banks, *God the Worker: Journeys into the Mind, Heart, and Imagination of God* (Valley Forge: Judson, 1994), 57～75 中的討論。
11. 關於更多這方面的討論，參 Banks, *God the Worker*。
12. Fretheim, *Creation Untamed*, 18.
13. Banks, *God the Worker*, 283.
14. 我們可以參考他另一本十分有用的書，*Work in the Spirit: Toward a Theology of Work* (Oxford: Oxford

University Press, 1991)。

15. "A Humorist's Confession," *New York Times*, November 26, 1905.
16. 關於這點，參 Witherington, *We Have Seen His Glory*。
17. Taylor, *An Altar in the World*, 145.
18. David Jensen, *Responsive Labor: A Theology of Work* (Louisville, KY: Westminster John Knox, 2006), 113.
19. Jensen, *Responsive Labor*, 113.
20. Taylor, *An Altar in the World*, 146.
21. 關於這點，參我的小書：Ben Witherington III, *Jesus and Money: A Guide for Times of Financial Crisis* (Grand Rapids, MI: Brazos, 2010)。（編按：中文版為《聖經中的財富觀》〔香港：基道，2016〕）。

## 第 2 章　工作神學：召命

1. Gene E. Veith, *God at Work: Your Christian Vocation in All of Life* (Wheaton: Crossway, 2002), 17, 19.
2. Veith, *God at Work*, 21.
3. Veith, *God at Work*, 33.
4. Veith, *God at Work*, 33.
5. Veith, *God at Work*, 38.
6. 參他的 *Work in the Spirit: Toward a Theology of Work* (Eugene, OR: Wipf and Stock, 2001), 98。

7. Volf, *Work in the Spirit*, 99.
8. Veith, *God at Work*, 39.
9. 參 Volf, *Work in the Spirit*, 107～108。
10. Veith, *God at Work*, 50.
11. Veith, *God at Work*, 52～53.
12. 參 Volf, *Work in the Spirit*, 111～119。
13. 例如他甚至想提出非基督徒有來自聖靈的「恩賜」（charism）做美好的工作（頁 118）。我不否認聖靈會在基督的身體以外工作，但我主張，保羅的屬靈恩賜神學（theology of spiritual gifts）不會像沃夫的命題提議的那樣，那麼容易就擴展到非基督徒。
14. Volf, *Work in the Spirit*, 117.
15. Veith, *God at Work*, 56～57.
16. 參我在 *Letters and Homilies for Hellenized Christians*, vol. 1 (Downers Grove, IL: InterVarsity, 2007) 中關於教牧書信的討論。
17. Veith, *God at Work*, 78.
18. Veith, *God at Work*, 68. 雖然這當中含有真理，但我不能說非基督徒擁有基督徒那樣的召命，因為他們並不是基於回應上帝的呼召而做他們所做的事情，或者至少通常不是出於這個因素。
19. Veith, *God at Work*, 70～71.
20. Veith, *God at Work*, 137.

21. Veith, *God at Work*, 138.
22. Veith, *God at Work*, 139.
23. Robert Banks, *God the Worker: Journeys into the Mind, Heart, and Imagination of God* (Valley Forge: Judson, 1994), 31.
24. Banks, *God the Worker*, 42～43.

## 第 3 章　世上無所事事的人和懶惰人，團結！

1. Andy Green, "Decade of the Dude," *Rolling Stone* (September 2008).
2. Green, "Decade of the Dude."
3. *The Rule of St. Benedict*, trans. Anthony C. Meisel and M. L. del Mastro (Garden City: Image, 1975), 86.
4. David H. Jensen, *Responsive Labor: A Theology of Work* (Louisville, KY: Westminster John Knox, 2006), 31.
5. Frank D. Kidner, *Proverbs* (Downers Grove, IL: InterVarsity, 1964), 42～43.
6. 關於這方面的更多討論，參我的著作：Ben Witherington III, *Jesus the Sage* (Minneapolis, MN: Fortress, 1994), 27。
7. 參我的著作：Ben Witherington III, *Jesus and Money: A Guide for Times of Financial Crisis* (Grand Rapids, MI: Brazos, 2010)。
8. Leland Ryken, "Work, Worker," in *The Dictionary of*

*Biblical Imagery*, ed. Leland Ryken, James C. Wilhoit, and Tremper Longman III (Downers Grove, IL: InterVarsity, 1998), 966.

9. Alan Richardson, *The Biblical Doctrine of Work* (London: SCM, 1952), 36～37.

## 第 4 章　轉發呼召、召命的變化

1. Paul S. Minear, "Work and Vocation in Scripture," in *Work and Vocation*, ed. John Oliver Nelson (New York: Harper, 1954), 32～81. 這裏引述的是頁 33。
2. Barbara Brown Taylor, *An Altar in the World: A Geography of Faith* (San Francisco: HarperOne, 2009), 109.
3. Taylor, *An Altar in the World*, 110.
4. Taylor, *An Altar in the World*, 110.
5. Taylor, *An Altar in the World*, 116.

## 第 5 章　工作作為事奉，事奉作為工作

1. William C. Placher ed., *Callings: Twenty Centuries of Christian Wisdom on Vocation* (Grand Rapids, MI: Eerdmans, 2005).
2. 參我的著作，Ben Witherington III, *Jesus and Money: A Guide for Times of Financial Crisis* (Grand Rapids, MI: Brazos, 2010)。

## 第 6 章　從克勞奇的立場看世界：工作——製造文化

1. 關於這些不同立場的更多資料，參尼布爾的著作：*Christ and Culture* (New York: Harper, 1956)。
2. 這首詩被收入很多詩集，例如可參 William Blake, *Collected Poems* (London: Routledge, 1905), 211。
3. Andy Crouch, *Culture Making: Recovering Our Creative Calling* (Downers Grove, IL: InterVarsity, 2008). 我特別感謝克勞奇，他容許我詳細引述他那本關於創造文化的好書，好讓我們更充分地反映它對工作的有用討論，並與這些討論對話。
4. Crouch, *Culture Making*, 23. 後文引述克勞奇的書時，頁碼將放在內容後的括號內。
5. N. T. Wright, *The Challenge of Jesus* (Downers Grove, IL: InterVarsity, 1999), 188～189.

## 第 7 章　新的平衡：工作與信仰、休息、玩耍之間的關係

1. David Jensen, *Responsive Labor: A Theology of Work* (Louisville, KY: Westminster John Knox, 2006), 2.
2. Jensen, *Responsive Labor*, 2.
3. Jensen, *Responsive Labor*, 2.
4. Jensen, *Responsive Labor*, 11.
5. Jensen, *Responsive Labor*, 12.

6. Jensen, *Responsive Labor*, 14.
7. Dorothy Sayers, *Creed or Chaos?* (New York: Harcourt, Brace, 1949), 46.
8. Jensen, *Responsive Labor*, 101.
9. Jensen, *Responsive Labor*, 101～102，這裏的討論是正確的。
10. 參 Gene Edward. Veith, *God at Work* (Wheaton: Crossway, 2002), 13～14.
11. Jensen, *Responsive Labor*, 108。
12. Barbara Brown Taylor, *An Altar in the World: A Geography of Faith* (New York: HarperOne, 2009), 125. 她引述巴特而沒有用註釋交代出處。
13. Taylor, *An Altar in the World*, 128～129.
14. 作者容許我事先閱讀這篇文章，它會在 *Dictionary of Scripture and Ethics*, ed. by Joel.B. Green (Grand Rapids, MI: Baker Books) 中出版。
15. Alexis de Tocqueville, *Democracy in America*, vol. 2 (New York: Colonial, 1899), 355.
16. Jürgen Moltmann, *A Theology of Play* (New York: Harper, 1972), 3. 後文引述這本書時，頁碼將放在括號內。

## 末了的話：接受這工作，並……

1. Miroslav Volf, *Work in the Spirit: Toward a Theology of*

*Work* (Eugene, OR: Wipf and Stock, 2001), 129.

2. 參 Volf, *Work in the Spirit*, 134。
3. Volf, *Work in the Spirit*, 135.
4. Volf, *Work in the Spirit*, 135.
5. 參 Ben Witherington III, *We Have Seen His Glory: A Kingdom Perspective on Worship* (Grand Rapids, MI: Eerdmans, 2010)。
6. Volf, *Work in the Spirit*, 137.
7. Nicholas Wolterstorff, *Until Justice and Peace Embrace* (Grand Rapids, MI: Eerdmans, 1987), 147.
8. 參 Volf, *Work in the Spirit*, 140。
9. Volf, *Work in the Spirit*, 145.